これだけ知っていれば大丈夫!

新人公務員の
リスク管理術

重過失、法令違反、不祥事、損害賠償請求を防ぐ

菅貞秀太郎［著］

学陽書房

はじめに

本書のポイント

　本書は採用されたばかりの新人公務員や若手公務員のために、以下の目的で書かれた本です。

①まだ業務経験の少ない新人公務員や若手公務員が重大なミスや不正を未然に防ぐ行動をとれるようになる。
②故意・重過失による損害賠償等のリスクを減らす。
③管理職にとっては、重大なミスや不正防止の手法を体系的に部下に説明できるようになる。
④地方自治法が求める内部統制制度の具体例が理解できる。

1　安定……のはずが、公務員の責任の重さ

　最近の報道では、重大なミスや不正により公務員個人に損害賠償が求められる事例をよく見ます。公務員は安定した身分が保障されていますが、その反面、民間企業の会社員よりも職務執行について高い注意義務が求められており、その責任は重いといえます。民間企業の会社員と比べて、より一層「うっかりミス」への注意が必要です。また、公権力を行使する立場であることから、自覚がないままに不正に巻き込まれる可能性も否定できません。

2　リスクとは何か

　一般的に、「リスク」という言葉を聞くと、自然災害や化学物質等による健康被害を思い浮かべるかもしれません。しかし、リスクとは起こっては困ることを全般的に意味するもので、仕事上のミスで住民や組織に迷惑をかけてしまうかもしれないこと、自覚がないままに不正に関与してしまうかもしれないこと等を含む幅広いものです。厳密には様々な定義がありますが、本書でいうリスクは「公務員が職務を

遂行するに当たり、起こっては困ることが現実に起きてしまう可能性」と考えてください。

3　リスク管理術

　ところで、起こっては困ること、が現実にならないようにするためにはどうすればよいと思いますか。本書では、起こっては困ることを現実化させないよう事前に対応策を講じる取組みを「リスクを管理する」といい、リスクを管理するための職員個人に求められる技術を「リスク管理術」とよんでいます。

　本書では、まだ経験の浅い新人及び若手公務員を想定し、リスクの高いことが見落とされやすい日常業務に関するリスク管理術を対話形式により解説します。これにより、職員個人がリスクの現実化を防止できるようにするとともに、上司が重大ミスや不正防止のための行動を新人職員に説明する負担軽減も意図しています。

　また、財務事務執行リスク等の管理が求められる地方自治法の内部統制制度における取組みの参考にもなることでしょう。

2023年7月　菅貞　秀太郎

目 次

序章 **公務員に必要なリスク管理**⋯⋯⋯⋯⋯ 11

第1章 **毎日の業務で行える
リスク管理の仕事術**⋯⋯⋯⋯ 19

第2章 **これは避けたい !?
公務員を襲う困った出来事**⋯⋯⋯⋯ 41

第3章　新人公務員に想定される リスクと対応策 ……………… 61

登場人物紹介

先生

年齢50歳
公認会計士で大学教授。専門は公的機関の内部統制及びリスク・マネジメント。
上杉大河の大学時代の指導教授で、大学で実務家教員として教鞭をとりながら不正や事務処理のミス等、防止の取組支援をライフワークとしている。

夏目澄人
(なつめ すみと)

年齢22歳
技術職の新卒新入職員。最初の配置は花みらい市の大規模公共施設の施設係。大学時代までは成績優秀な優等生でアルバイトでも活躍。花みらい市入庁後にミスを連発して悩んでいる。

うえすぎたい が
上杉大河

年齢27歳

大学卒業後に東京都内の大手広告会社に就職するも、地元を盛り上げたいと生まれ故郷の花みらい市に転職。第二新卒で、ほかの二人とは同期入庁。配属先は地域振興課。ルーティン業務よりも、企画・立案やプロジェクト業務が多い部署にいる。大学時代に、リスク・マネジメントについて少し勉強した経験がある。

すず き はる な
鈴木陽菜

年齢22歳

大学卒業後、新卒で花みらい市に入庁。最初の配属先は公立学校の庶務係。少人数のため一人が様々な仕事をこなす職場であるため、覚える仕事の種類が多くて苦戦中。計画通りにやるのが好きで何事も石橋を叩いて渡る性格。

先生

公務員に必要なリスク管理とは何か、何をすべきなのかを説明しているよ。

序章

澄人

職場のリスク管理の重要性とリスク管理術の基本を先生が解説するよ。

第1章

大河

実際に発生した事例を中心に公務員が備えるべきリスクを見てみよう。

第2章

陽菜

新人公務員の立場で想定すべき10のリスクと対応策を先生が解説しているよ。それぞれ独立しているので、個別にも読めるよ。

第3章

本書の注意事項

　本書の内容は、リスク管理手法に関する一般的な情報提供です。読者のみなさまの個別の事業や業務等に影響する可能性のある事項について、何らかの決定を下したり行動をとったりする際には、各自のご判断に基づく実行をお願いします。

　また、次章で対話に登場する登場人物、登場人物の所属団体及び登場人物に生じた事件は解説のためのフィクションです。

　本書で参照した法令等は2023年4月末時点です。

序 章
·······

公務員に必要な
リスク管理

　公務員に想定されるリスクとはどのようなものか、その概要を説明する。

　また、このような出来事を防止するためにはリスク管理の考え方が必要であること、リスク管理は事前の備えであることを解説する。

リスクを管理するとは どういうことか

リスクを現実化させないための方法論

　「起こっては困ること」が現実になる可能性をリスクといいますが、さらに説明すると、リスクは、「発生する可能性」と「発生した場合の影響の大きさ」の二つに分解して考える必要があります。なぜなら、どんなに困ったことでも発生する可能性がなければ「杞憂」だからです。また、発生する可能性が高くても、大きな問題でなければ、時間や費用等を負担してまで対策する必要性が乏しいからです。

　このように、リスクが現実になってしまうことを防ぐには、「発生する可能性」を減らす観点と「発生した場合の影響」を緩和する観点の両方から考える必要があります。

リスクを事前に想定することの重要性

　リスク管理の最も重要な点は、リスクを事前に予想し備えておくことです。事前の備えができれば、リスク対応策の選択肢が増えて、より効果的にリスクの現実化を防止できるからです。

　本来は各職員が自分の業務の特徴を踏まえてリスクを考え、事前の備えを行うことが基本です。しかし、社会人経験の少ない新人公務員には自らリスクを考える、ということが難しいかもしれません。

　このため、本書では意外にリスクが高いことが見落とされやすい日常業務を挙げて、どのようなリスクがあり、どのように備えるのか、について解説します。

図表1　リスク管理のイメージ

起こっては困ること：リスク

溢水事故	個人情報の漏洩（ろうえい）	預かった現金を亡失
公用車で交通事故	公共施設の整備不良による事故	発注ミス二重発注
補助金等の算定ミス	補助金等支給要件の誤認	課税漏れ徴収ミス
⁞	⁞	⁞
物品破損・破壊	贈収賄	官製談合
悪気のないハラスメント行為	器物損壊	データ持ち出しによる紛失

現実にならないように
あらかじめ二つの観点から対策

起きてしまう可能性を減らす　✕　起きた場合の影響を緩和する

公務員が備えるべき リスクとは

法的責任が問われる事例を考えるとわかりやすい

　公務員が備えるべきリスクとは何か。様々な観点が想定されるところですが、法的責任を問われた事例と考えればわかりやすいのではないでしょうか。公務員個人に対する損害賠償や刑事責任が問われるのは、影響度の観点からみると、社会的影響が大きいからといえます。発生可能性の観点からみると、過去に実際に発生していることから杞憂ともいえません。つまり、リスクの概念に照らせば、「発生する可能性」と「発生した場合の影響」が高いということです。具体的には、次のような例が考えられます。

1 重過失でなくとも法的責任が問われる現金亡失

　現金の紛失は重過失でなく過失であっても法的責任が問われます。税金を財源とする公金や物品等は慎重に取り扱う必要があります。物品等については「日常的な業務で使用する多種多様な物品等にまで軽過失責任を求めることとなると業務の遂行に支障が生じるおそれもあるため、現金以外の物品等の賠償要件には重過失以上に限定[1]」されています。しかし、現金に関しては過失であっても賠償責任が生じます。

2 誰にでも起こりうる重過失

　誰にでもお風呂や台所の水道の水を止め忘れ、出しっぱなしにしてしまうことがあるのではないでしょうか。しかし、これが地方公共団

体等の職場で生じた場合、単なる失敗で片づけることはできなくなります。例えば、プールの水栓を閉め忘れて水道代が数百万円も過大になり、職員に対する損害賠償が求められる事案がありました。個人の社会生活における一般的な感覚と公務員として求められる注意義務の基準の高さにはかなりの違いがあります。特に新人公務員には、それがすぐには実感しづらいのではないかと考えます。だからこそ、経験や感覚ではなく具体的な事例を通じてリスク管理術の考え方を学ぶ必要があるのです。

3 意図しない官製談合等

　誰しも自分が不正をする、などと考えないのではないでしょうか。もちろん自らの利益のために悪事を働くことは許されません。しかし、官製談合等の不正は業務を円滑に進めたいという熱意から結果的に関与してしまう場合もあります。不正を犯すのは特殊なメンタリティの人物とは限りません。誰でも関与してしまう可能性があります。

4 刑事責任まで問われる場合

　地方公共団体が所有・管理する公共施設で事故が生じた場合、安全管理に不備があれば業務上過失致死等の刑事責任が問われることがあります。自らが担当する以前からの前例踏襲であっても刑事責任を問われた事例もあり、やはり担当する職務におけるリスクを自分で理解しておくことが重要です。

では、どうする
リスク対応策

1 一般的なリスク対応策の流れ

リスクが現実化することを予防するプロセスは、以下のように
PDCA サイクルとなっています。

図表2　リスク管理の主な流れ

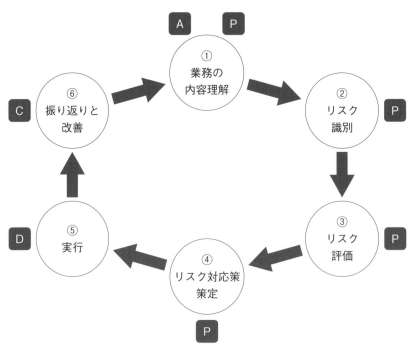

　まず、自分がどのような業務を行うのかを理解し、その業務におい
て想定されるリスクを洗い出して、あらかじめ対応策を講じる必要が

ある重要なリスクであるかどうかを評価します。次に、発生可能性を抑えるか、影響度を緩和する観点からリスク対応策を考えて実行します。さらに、定期的に振り返りを行い、リスク対応策の改善を図ります。このプロセスが繰り返されると、業務に関する理解も深まっていくことでしょう。

2 新人公務員が想定すべき意外なリスク

　本来は図表2のように、自分でリスクを考えて対応策を実行すべきです。しかし、新人公務員の場合は社会人経験が少ないことが想定され、適切にリスクを識別できないおそれがあります。例えば、日常生活で特に意識することなく利用しているパソコンや郵便、現金管理等にも実は重大なリスクが潜んでいます。しかし、社会人経験が少なければ、日常生活でなじみのあるこれらの日常業務について、実は高いリスクがあることを適時・適切に理解できないかもしれません。

　リスクがあることを認識できなければ、リスク対応策を講じなければならないという発想が生まれず、リスク管理が行われないことになってしまいます。このため、本書では新人公務員の立場から一般的に想定される重大なミスや不正等のリスクと対応策を具体的に例示し、その内容について対話形式により解説していきます。

リスク対応策の PDCA が 1 年単位となる理由

　リスクは定期的な見直しが必要であるため、リスク管理のプロセスは PDCA サイクルとなっています。このプロセスは一般的に 1 年間が基本です。この理由は大きく二つあります。一つ目の理由はみなさんを取り巻く環境が変化することです。経済社会の価値観の変化や ICT 等の技術革新、法令や規程等のルールの改正等、日々状況は変化しています。これらの変化は担当業務にも影響しますので、想定すべきリスクも変わっていきます。二つ目の理由は、みなさん自身の役割の変化です。部署を異動するかもしれませんし、異動しなくても職場で担当業務が変更になるかもしれません。

　ここで「リスクが変化することはわかったけど、何で 1 年単位なの?」と思われたでしょうか。1 年という期間は事業年度と同じ区切りです。例えば、公的機関の予算は 1 年ごとに議会で議決し、何をするためにいくらの予算を使うかが決定されています。言い換えれば、1 年置きにやるべきことが変化しますし、異動の機会も訪れるでしょう。よって、1 年間を区切りに見直そうということです。

　見直しの方法として、着任時または人事異動の際の引継ぎのタイミングで、前任者に質問をするとよいでしょう。また、異動等がなくとも報道や他団体の公表情報から自分の担当業務と関連しそうな事務処理ミスや不祥事等を把握しておき、担当業務で想定されるリスクをアップデートしましょう。

第1章

毎日の業務で行える
リスク管理の仕事術

　リスク管理ができている職場と、できていない職場を比較することで、リスク管理とはどのようなものかを解説する。

　新人公務員が職場で実施できるリスク管理の仕事術を紹介する。

プロローグ
同期会

―― 夏目澄人、鈴木陽菜、上杉大河は XX 年、花みらい市入庁の同期
3 人組。仕事の愚痴をいい合う仲間で、定期的に同期会という名の飲
み会を開催している。その席で、夏目澄人が二人に悩みを打ち明ける。

澄人：僕は、仕事でミスが多くて悩んでいるんだ。学生時代までは
　　　ずっと成績優秀だったし、ファーストフードのアルバイトでも
　　　表彰されて現場リーダーまでやっていたし……。仕事にもそれ
　　　なりに自信があったんだけど、なんだかうまくいかないんだよ
　　　ね。何が原因なんだろ。

陽菜：わかるよ、それ。私の職場は少人数で細かい仕事を一人でなん
　　　でもやらないといけなくて、でもマニュアルとかも完全には整
　　　備されてないのよ。失敗が怖いから何度も上司や先輩に聞いて、
　　　イライラされちゃってる。私も自信なくしちゃうことよくある
　　　よ。

大河：でも、それって本当に二人の能力が低いことが問題なのかな。
　　　本当は、業務内容や業務の取組方法にリスク管理の視点が欠け
　　　ていることが問題なのではないかな。

陽菜・澄人：リスク管理って何？

大河：えー、知らないの。リスクが現実にならないようにするための事前の取組みや仕組みだよ。一般的にはリスク・マネジメントともよばれている。2020年度からは、地方自治法の改正により内部統制制度っていう財務事務執行リスク等のリスク管理の仕組みもできたじゃない。あれだよ、あれ。う～ん、なんだかうまく説明できないな。

澄人：リスクって何？　災害とか犯罪のことじゃないの？

陽菜：そもそも、それって部長とかえらい人たちがやる仕事でしょ。新人の担当業務と関係あるの？

大河：困ったな、うまく説明できないけど、リスク管理は業務の一連の流れの中にあらかじめ組み込まれて機能するものなんだ。うまく機能すると、ミスしないで仕事が円滑に進むし、二人もそんなに悩まなくてすむんじゃないかな。
そうだ、週末にリスク管理を専門にしていた大学時代の先生に会いに行く約束があるんだ、一緒に行こうよ。先生に聞いてみよう。

リスク管理って何のこと？

——アルバイトの成功体験と花みらい市入庁後の失敗談

　花みらい市新人職員3人は、週末に先生の研究室を訪問。夏目澄人の悩みとリスク管理について教えを乞う。

大河：先生、公的機関のリスク・マネジメントや内部統制の研究をされていましたよね。実は、花みらい市の新人同期メンバーで、なかなか仕事がうまくいかない、という悩みについて議論したんです。この原因は、実は個人の能力の問題ではなくて、リスクを抑えるための取組みや仕組み、つまりリスク管理の問題ではないかと思ったのです。だけど、リスクやリスク管理の考え方をうまく説明できなくて、先生から教えてもらえませんか。

先生：なるほど、事情はわかった。謙虚さは決して忘れてはいけないけど、優秀な新人が実力を発揮できないのは、リスク管理の問題なのかもしれないね。

陽菜：そもそも、リスク管理とは何でしょうか。

先生：学術的・専門的には様々な類型があるところだが、簡単に説明すると、リスク管理とは業務でミスしたり不正等の不祥事が起きたりしないようにする事前の取組みや仕組みのことをいう。本来はあって当たり前なのだけれど、個々の法令等により制度化されている場合もある。社会通念では、リスク・マネジメントや内部統制という名称の方がよく知られていると思う。

陽菜：なんだかよくわからないです。ミスしないようにするのは常識ですよね。個人個人が注意すればすむことではないのですか。

先生：注意することは確かに重要だ。しかし、起こっては困ることが具体的に想定できなければ、何をどのように注意すればよいか、わからないだろう。だから、事前の想定と対応策の準備が必要になる。

澄人：僕は仕事でミスが多くて、怒られてばかりですっかり自信をなくしていました。社会人経験はないですけど、学生時代のアルバイトでは仕事もできて頼りにされていました。それなのに、どうして、入庁したらミスばかりなのだろうか、と自分を責めていました。この原因は、事前の想定と対応策が準備できていないからなのでしょうか。

先生：アルバイトとはいえ発揮できた実力が急に出せなくなるのは、職場のリスク管理の仕組みが影響しているのかもしれない。つまり、アルバイト先では何らかのリスク対応策が準備されていたが、現在の職場では準備されていない、という可能性だ。まずは、アルバイトの成功体験と今の職場での失敗経験を比較してみようか。それぞれ話してくれないかな。

アルバイトの成功体験

澄人：私がアルバイトしていたファーストフードのお店はハンバーガーのチェーン店で、花みらい市銀座の繁華街にあります。毎日多くのお客さんが来ている激務の店舗でした。
採用されてから、まずマニュアルをもとに店舗で研修を受けました。最初は分厚いマニュアルで心配でしたが、イラストが多いこと、調理機器の使用開始時はこのボタンを押す、温度設定

は何度にする、等の記載が具体的でわかりやすく、理解できずに困った記憶はありません。やることもやり方も明確でした。しばらくは試用期間で、試用期間経過後は「デビュー基準」というチェック基準をもとに店長が能力評価を行い、マニュアルで求められる業務ができることを確認して一人で持ち場を任せられるようになりました。

お店はいつも混雑しているのですが、調理は自動化されていて材料を入れる他はそんなに難しい作業はないので、負担感は強くありませんでした。材料も共通のものが多くて数が絞られており、覚えるまで時間はかかりませんでした。その後、1年ほどして店長から技能コンテストに推薦されました。マニュアルにある業務スキルを競う全国大会で、私は優勝しました。こうしたことがモチベーションの向上につながったと思います。

アルバイト先のファーストフード店では、本社の監査室の人が定期的に巡回していて、品質管理指標の達成状況の確認と現金や在庫管理状況の抜き打ちチェックをしていました。店長がいないときに代理で対応しましたが、対応がしっかりしているね、と褒められました。

大学4年の時は僕より若い人が多かったので、職場のリーダー的存在として店長をサポートしていました。この経験は、花みらい市採用面接のときにも自信をもって話すことができました。

花みらい市入庁後の失敗談

澄人：アルバイトと社会人では求められる仕事の水準が違うことはわかっていますが、社会人になってからは、学生時代の成功が嘘のようです。周囲からの視線が冷たく感じます。

　　　私の配属された部署は花みらい市の大規模な公共施設で施設管理をする部署です。新人研修を終えて着任したのは5月でした。前任者は3月末にすでに異動し、席がとなりの係長から引継書

をもらい、仕事の説明を受けました。引継書にはやることが網羅的に列挙されています。だから、すべきことは明確になっています。しかし、それらの仕事を行うには、施設の機械設備や機器等を操作する必要があるのですが、操作マニュアルが膨大な量となっているので、どこを読んでいいのかわかりません。やることはわかるのですがやり方は曖昧です。

また、私のいる施設は劇場、運動場、プール、図書館等がある複合的な施設で新しく建設された部分と昔からある部分が入り組んでつながっています。それぞれ管理する機械設備や機器等の操作方法が微妙に違うこともあり、なかなか覚えられません。

困った事件はいろいろあるのですが、最近では機器の操作ミスによる「火災報知器誤作動事件」がありました。コンサート公演中に僕の操作ミスで誤って火災報知器を作動させてしまった事件です。本当は空調の温度を調整するつもりだったのです。演奏の最高潮のタイミングで火災報知器が鳴り響いて防火扉が閉まるというサプライズが起きました。

その後、係長から教えてもらいましたが、静岡県の地方公共団体では、コンサートホールのスプリンクラーが突然作動して散水した事件があったそうです。ホールに置いてあった楽器等が使い物にならなくなり、少なく見積もっても約1億5,900万円を超える多額の損失が発生したらしいです[2]。故意か施設管理の不備なのかは調査中とのことですが、仮に担当者個人のミスであれば、担当者個人に損害賠償が請求されるかもしれないよ、とのことでした。その後、気になって色々調べました。自分の職務と関係ありそうな事例として、プールの水を出しっぱなしにした責任を問われて数百万円の水道代を担当職員が自腹で弁償した事例が複数あることを知りました。今回はそこまで大事になりませんでしたが、花みらい市役所で働き続けることが不安になってしまいました。

成功体験と失敗体験から考えるリスク管理

先生：澄人さん、説明してくれてありがとう。確かに、社会人経験の少ない新人職員には未熟な点が多々あるので、謙虚な気持ちを忘れてはいけないと思う。しかし、話を聞いた限り、悩みの背景にはリスク管理の問題があると思う。

陽菜：アルバイトは単純な仕事なので学生でもできるけど、花みらい市の仕事は社会人としての水準が求められるので未熟な新人公務員にはできない、ということではないでしょうか。

図表1−1　アルバイトと現在の職場との比較

リスク管理のポイント		アルバイト	現在の職場
①やること やり方の工夫	a 標準化	業務マニュアル、デビュー基準	機械の操作マニュアル（業務手順に広い裁量）
	b 自動化	調理機器での自動調理	職員の裁量の余地が大きい
	c 簡素化	材料の共通化、原材料種類数の絞り込み	設計思想の異なる新旧の設備や機器の管理
②注意力、集中力を高める		表彰によるモチベーション向上	個人の工夫
③第三者の視点でチェックする		本部の定期的な内部監査と品質管理	特になし

先生：未熟、つまり習熟度の問題は確かにあると思うよ。しかし、そう単純に考えるのは適切ではない。ここで、今のアルバイトの話と現在の職場の話を整理してみよう。図表1-1に書き出してみたので見てほしい。アルバイト先のファーストフード店の業務では、リスク管理として業務に組み込まれたポイントが複数あった。順番に検討しよう。

①やること　やり方の工夫
a　標準化

　ファーストフード店のアルバイト先では、仕事として何をすればよいか、という観点から業務マニュアルが整備されていた。それは誰が読んでも同じ結果になるように工夫された記載方法だった。また、「デビュー基準」を設けることにより、誰が見ても業務に必要なスキルが何か、わかるようにされていた。

b　自動化

　調理機器には材料を投入する作業は必要だが、後は自動的に調理できるようになっていた。

c　簡素化

　商品の原材料を共通化することで、原材料の種類の数が絞られていた。これにより業務が覚えやすくなるとともに、調理機器等に複雑な機能や操作を求めなくてすむ効果もあるのだろう。

②注意力、集中力を高める

　標準化、自動化及び簡素化等が徹底されても、アルバイトがそれらの手順を遵守して仕事をしなければ意味がない。技能コンテストとそこでの表彰は、仕事の細部に目を向けさせるとともに、より適切に仕事に取り組むモチベーションを醸成する仕組みだ。単純に手順を周知する、というだけでなく個人の注意力や集中力を高めよう

としているのだろう。

③第三者の視点でチェックする

　アルバイト先では、本部が品質管理指標等の達成状況を定期的に巡回してチェックする内部監査機能があった。第三者の視点が重要なのは、自分では気が付かない部分も、第三者なら気が付くことがあるからだ。

澄人：先生、ありがとうございます。アルバイト先での仕事は、失敗を予防する様々な工夫が業務に組み込まれていたのですね。知らないうちに「転ばぬ先の杖」が用意されていたことに今になって気が付きました。

先生：今度は、同じ観点で現在の職場を見てみよう。すると、どうだろうか。

澄人：まず、「①　やること　やり方の工夫」の「a　標準化、b　自動化、c　簡素化について」は、そういった発想が希薄です。全員ではありませんが、職人みたいな考え方の人もいます。基本的に自分で勉強して技術を身に付ける、それぞれのやり方に任せる、という雰囲気です。
　「火災報知器誤作動事件」の原因は僕のボタンの押し間違えによるものでした。この観点で振り返ってみると、特に標準化・自動化されているわけではない手順、新旧の類似機器の操作方法が似ているけれど微妙に違うという簡素でない複雑さが原因ともいえます。

陽菜：経験のある人しか配属されないなら職人的発想でもいいけど、新人が着任した場合はその人は困りますよね。2〜3年の間隔で異動が想定できるのだから、誰でもできるようにしてもらえ

る方が安心です。

澄人：次に、「②　注意力、集中力を高める」についても、そういった発想が希薄です。火災報知器誤作動事件でも、せめてボタンの横にシールを貼る等して、このボタンがどの操作を行うものなのか、わかりやすくなっていれば、と思いました。

大河：技能コンテストのような取組みがあると、楽しんで業務を覚えることができそうですね。そういえば、民間から転職してきた人が「役所にはほめる文化」がない、といっていました。税金で運営するから難しいのかもしれないですけど、あるべき仕事を覚えたり、手順の遵守を促すためには、それらを奨励する取組みも必要だと思いました。

澄人：最後に、「③　第三者の視点でチェックする」もあまり該当するものがありません。新人でも担当業務別に分かれるので、基本は一人で仕事します。わからないことは先輩には質問できますが、職場内外に関わらず第三者が積極的に関わる雰囲気ではありません。

先生：内部監査は大げさかもしれないが、上司は部下である君の状況を把握する必要はあるよね。例えば、前任者からの引継内容の重要なポイントを後任である君が適切に理解できているか、質問するだけでもよいと思う。

澄人：なるほど、段々わかってきました。個人の努力も重要だけど、職場には誰がやっても失敗しないようにする取組みや仕組みが必要で、それがリスク管理だということですね。確かに、学生時代のアルバイト先ではリスクに対する事前の備えが充実していたと思います。しかし、現在の職場ではベテラン職員を前提

にしているためか、あまり事前の備えは充実していません。だから、まずはリスクを想定して事前の準備を行うべきである、ということですね。

先生：そのとおり。リスク管理とは、もちろん学術的・専門的にはもっと深い話があるのだけれど、職員個人が職場で実践する範囲でいえば、おおむねその理解で問題ないよ。最初に失敗することを想定し、失敗に備えた対応策をあらかじめ準備できているかどうか、という点がポイントだ。

陽菜：先生は職場で失敗すること全般を指してリスクといっているのですか。

先生：リスクとは、「公務員が職務を遂行するに当たり、起こっては困ることが現実に起きてしまう可能性」と理解してほしい。自然災害等も含まれるし、重大ミスや不正等の不祥事も含まれる。

大河：「公務員が職務を遂行するにあたり」というのは、起こっては困ることのうち、仕事に関する部分に限定するということですよね。

先生：そのとおり。今回の議論では、例えば、職員個人が投資で失敗する等、私生活の領域まで考えると広すぎるので、職務に関する範囲内で考えよう。

先生：さらに、リスクは「発生する可能性」と「発生した場合の影響の大きさ」の二つに分解して考える必要がある。なぜなら、どんなに困ったことでも発生する可能性がなければ「杞憂」に終わる。また、発生する可能性が高くても大きな問題で無ければ、時間や費用等を負担してまで対策する必要性が下がるからね。

澄人：もっとリスク管理の方法について知りたいです。

先生：それでは、毎日の業務で実施できる代表的なリスク対応策をいくつか紹介しよう。

コラム

職場のポカヨケを見つけよう

　ポカヨケという言葉をご存じですか。オフィスワークで使われる一般的な意味としては、うっかりミスを防止するための仕組みや仕掛けです。例えば、吹き抜けのある庁舎であれば、上階からの落下物が階下の人に当たってけがをさせないように、落下物防止ネットが張ってあるところを見たことがありませんか。他にも、業務で使うパソコンには、万が一の情報漏洩に備えて USB メモリ等の外部媒体が接続できない設定がなされているかもしれません。このように、そもそもうっかりミスが発生しないようにする、発生してもダメージが発生しないようにする仕組みや仕掛けがポカヨケです。言い換えれば、自動的に機能するリスク対応策が仕込まれているということです。

　実は、職場には様々なポカヨケが存在します。注意してみないと気が付かないかもしれませんので、意識的に探してみましょう。せっかくのリスク対応策なのに、その価値に気が付かずに利用しなかったり廃止したりしてはもったいないからです。

　ポカヨケ発見のポイントは違和感や不便さにあります。落下物防止ネットも、はじめは「なんでこんなところに、こんなものがあるのだろうか？」と思いませんでしたか。パソコンに外部媒体を接続できないことも「なんであえて不便なやり方をしているのだろうか？」と疑問に思いませんでしたか。このような違和感や不便さを感じたなら、先輩や上司に理由を質問してみてください。その裏には、新人公務員を重大ミスや不祥事から守ってくれるポカヨケが隠れているかもしれないからです。

リスク管理の仕事術

先生：リスク対応策のうち、どのような業務にも使える汎用的なテクニックを取りあげてみよう。大別すると業務開始前、業務中、業務完了後の3つの段階がある。それぞれを見ていこう。

業務開始前	業務中	業務完了後
1.理解を深める	3.一息入れる	5.自分で気が付く
2.ヒヤリハット「べからず」集	4.事実確認	6.誰かにチェックしてもらう

1 業務開始前：理解を深める

先生：業務開始前の段階で重要なことは、担当業務を深く理解することだ。何をするかがわからないと、どのようなリスクがあるかもわからないからね。

陽菜：「理解を深める」という点はどのようなテクニックがあるのですか。

先生：二つの観点が考えられる。
　　　　一つ目は「わかったつもり」を解消することだ。人間はわかっているつもりで、実はわかっていないことが多い。無意識だから自分ではそのことになかなか気が付けない。この対応策は誰

かに説明したり、メモにまとめたりして自分の理解をアウトプットすることなのだよ。やってみると、思った以上に理解していないことに気が付く。

澄人：それ、わかります。正確に理解していないと、文章にした時におかしな内容になりますよね。感覚的にはわかっていても、実はあいまいにしか理解できていないのだと思います。

先生：二つ目は、業務の背景を理解することだ。担当業務にはある程度マニュアルが作成されていて、何をすればよいかが書いてあると思う。しかし、マニュアルだけに頼るのは危険だ。なぜなら、マニュアルに書いていないことが起きた場合に適切な対処ができないかもしれないからだ。

大河：上司から、最近の新人公務員は根拠法令をきちんと確認しないから駄目だ、とよく聞かされました。マニュアルだけでなく、その業務の根拠となっている法令をきちんと理解する必要がありますね。

先生：そのとおり。公務員の仕事は法律、政省令、条令、規則、マニュアルといったように階層的にルールが決まっている。根拠となっている法律等を理解できないと、何のための業務なのかを理解できない。目的がわからないまま作業すると、それが目的に照らして適切かどうか、見当をつけられない。やること・やり方だけなく、目的も理解している方が業務上のミスは少ないと思う。

2 業務開始前：ヒヤリハットや「べからず」集

先生：リスク管理は事前の備えだから、あらかじめどのようなリスクがあるかを想定する必要がある。このためには、担当業務に関する理解を深めるとともに、過去に現実化したリスクがないかを確かめるとよい。

大河：なるほど、まずはヒヤリハットや「べからず」集がないかを探して、あればそれを参照して想定されるリスクを洗い出すわけですね。

先生：そのとおり。ヒヤリハットとは重大事故・事件になりかねない危険な出来事の事例を集めたものだ。「べからず集」というのは、過去の失敗から学んだ反省点で「すべきではない」危険な行為を集めたものだ。引継資料に含まれている場合もあるだろうし、職場で共有されている場合もある。名称が違っても類似の資料が作成されている可能性があるので、まずは探してみるとよいだろう。

3 業務中：一息入れる

先生：業務の理解が十分に深まったとして、次は業務中のリスク管理として「一息入れる」というテクニックを紹介しよう。これは、医療現場等でも使われている手法で、複雑でミスをしてはいけない作業を始める時、漫然と始めるのではなく一度手を止めて、必要な手順を確認してから始める、というものだ。

澄人：細かい手順まで確認するわけではないですが、うちの職場では朝礼がこれに近い役割を果たしていると思います。

大河：スポーツでもタイムアウトで流れが変わることがありますよね。

先生：要は、間違えてはいけない手順に注意を向けさせることなのだよ。ぼんやりしていたら集中するように切り替える。慌てているときは思わぬミスを起こしてしまいやすいから、一度落ち着いてリラックスする。このためには業務を中断すると効果的だ。中断は、集中力を途切れさせる原因にもなるけど、集中力を入れるスイッチにもなる。

4 業務中：事実確認

先生：業務上のトラブルやミスの原因として多いのは事実誤認だ。これは感覚的にも理解できると思う。特に注意すべき点として、3K とよばれる 3 つのポイントがある。簡単にいうと、経験、勘、記憶に依存して仕事をしないようにするということだ。

事実誤認の 3 つの注意点		
経験に頼らない	勘に頼らない	記憶に頼らない

陽菜：私は庶務をしているので、他部署の職員から経費精算に関する質問をよく受けます。「確かこうだったはず」と記憶に頼って即答したら、後から間違っていることが判明したことがあります。

先生：事前に理解を深めておくことも重要なのだけれど、すべて完全に記憶できるわけではないと思う。だから、問い合わせは経験、勘、記憶に頼らず根拠規程を見てから回答すると間違いない。外部の住民等からの問い合わせに誤って回答してしまったら、影響が大きいからね。

5 業務完了後：自分で気が付く

先生：例えば、電子データで作成した文書のミスは、パソコンの画面上では気が付かないけど、紙に印刷すると急に気が付くことはないかな。媒体が変わると見え方も変わるのだと思う。状況を変えてチェックすると自分で間違いに気が付く可能性を高められる。

澄人：夜書いたラブレターは朝に見直せ、という格言に似ていますね。

先生：そのとおり。媒体以外にも、時間や場所を変えると、ものの見え方が変わるといわれている。アメリカの有名な小説家は6週間を最低の目安として作品を寝かせてから見直すそうだ 。そのくらいすると、自分の作品でも客観的に見ることができるようになるのだろうね。

大河：帰り道を変えると新しい気づきがある、という話にも似ている気がします。

先生：自分のミス等に自分で気が付くように、媒体、時間、場所及びやり方等、何かを変えた状態で見直せないか、検討してみてほしい。自分で作成した文書をチェックする際に、黙読ではなく音読することも考えられる。パソコンで作成する文章を見直す際に縦書き・横書き等の設定を変えて見ると思わぬミスに気が付くかもしれない。アプローチを変えると間違いに気が付く可能性が高くなると思うよ。

6 業務完了後：誰かにチェックしてもらう

先生：思い込みが原因で自分では気が付かないことも、別の誰かにチェックしてもらうと発見できることがある。第三者は自分とは前提が異なるから見るポイントも異なり、客観的に見ることができるのだろう。例えば、同じ職場内部で担当者レベルでの相互チェックをすることはよくあるのではないかな。

大河：文書の読み合わせも相互チェックですよね。

先生：そのとおり。一人が声に出して読んで、もう一人は黙読することで二つのアプローチで文章をチェックすると、より間違いに気が付きやすい。

陽菜：上司の決裁も誰かにチェックしてもらうことに当てはまりますね。

先生：そのとおり。上司に決裁を求めたり相談したりする際には、自分の間違いに気が付いてもらいやすいように、部下の方からも工夫するとよい。非常に基本的なことだが、上司に決裁申請や相談する際の注意点を挙げてみよう。

〈上司に決裁申請・相談する際の注意点〉
① 自分が上司にしてほしいこと、「決裁」or「相談」を明確にする。
② 事実と自分の判断を明確に分けて説明する。
③ 上司に判断してほしい点、教えてほしい点を明確にする。

先生：まず、①を明確にしないで話を始めてしまうと、上司は自分が何をすればよいか、前提を理解できないままに説明を聞いたり、メールを読んだりすることになる。冒頭で上司にしてほしいこ

とを伝えるようにしよう。通常、業務の結果や判断を「決裁：チェックしてほしい」か「相談：わからない点を教えてほしい」のどちらかだろう。

陽菜：確かに、目的を明確にしないと「話が見えない」状態になってしまいますね。

先生：②は事実と自分の判断を明確に分けることだ。判断とは事実に基づいてするものだから、両者をごちゃ混ぜにしてしまうと上司も正しい判断ができなくなる。

澄人：事実を明確にすることは、事実誤認をチェックすることにもつながってよいですね。

先生：③はいわゆる論点の明確化だ。例えば、自分の判断を「チェックしてほしい」のであれば、延々と事実を説明して最後に判断結果を述べるような説明をすると、上司も聞くのに疲れてしまう。経験も豊富な上司の立場からすれば、判断過程を全て聞く必要はないかもしれないので、判断結果を述べてから事実関係の説明に入る方が手短に済む。判断結果を先に示すことで、上司の方から聞きたい事を示してくれて、説明すべき事項を絞り込めるかもしれない。

大河：わからないことを教えてほしい場合も、わからないことがある旨と理解できない点を先に伝える方が良いですね。

先生：そのとおり。この３つのポイントを意識していないと、決裁・相談を求められる上司は話が見えなくなってしまう。自分が上司だったら、どういう説明がわかりやすいか、と考えて準備してから決裁・相談を求めるとよい。そうしないと、説明が支離

滅裂になってしまう。

澄人：リスク管理のためにいくつかのテクニックがあることは理解できました。しかし、具体的にどのようなリスクがあるか、十分に理解できていないので不安です。

陽菜：新人公務員にとって、どのようなリスクに備えておくべきか、もっと具体例を知りたいです。

先生：実は、あらかじめ想定すべきリスクはたくさんある。まず、どれほど多いかについて第2章で説明しよう。次に、第3章でリスク対応策の具体例を紹介する。ただし、すべてのリスクに対する対応策を紹介することは困難だから、新人公務員が直面する可能性の高いリスクに絞って、その対応策を考えてみよう。

コラム

職場のポカヨケを創ろう

　本節の「リスク管理の仕事術」では、汎用的なリスク管理のテクニックの代表例を解説しました。これらのリスク管理術は、職場に必ずしもポカヨケがあるわけではないことを前提にしています。しかし、そもそも自動的にリスク対応してくれる仕組みがあらかじめ準備されていれば、本節で紹介したリスク管理術と合わせることで、より高い相乗効果を発揮できます。

　もし、あなたが「自分の職場にはポカヨケが少ないな」と感じるのであれば、自分からポカヨケを創りましょう。私は、ポカヨケづくりは創意工夫で実は楽しいものだと思っています。例えば、職場に業務改善に熱心に取り組む職員がいませんか。人間は、価値のある仕掛けや仕組みを生み出すと、総じてうれしくなる存在なのではないか、と私は考えています。

　ポカヨケの発想は、業務改善と多くの共通点があります。一般的な業務改善の視点である、自動化、簡素化、標準化、集約化等の観点はそのまま参考になります。ぜひ、挑戦してみてください。あなたの役にも立ちますし、後任者もきっと喜んでくれるでしょう。

第**2**章

これは避けたい!?
公務員を襲う
困った出来事

　公務員にとって特に高いと考えられるリスクの具体例について、公務員個人に損害賠償が求められた事例を中心に紹介する。

過失でも生じる 公金亡失の賠償責任

　2018年3月、岐阜県のある地方公共団体で、納税課の夜間納付窓口において市民から領収した現金37,000円の盗難が発生[3]しました。民間企業であれば関係職員は盗難の被害者となるところです。しかし、関係職員2名には損害賠償が請求されることになりました。地方公務員には、どのような理由であれ公金が失われた場合に、より重い責任が課せられているからです。

1 公金を亡失したらどうなるのか

　公金を亡失した場合、地方自治法243条の2の2第3項の定めにより、まず首長から監査委員に対し「職員の賠償責任に関する監査の請求」がなされます。「首長」や「監査委員」とは大げさな、と驚くかもしれませんが、法令の定めに従ったものであり、金額の大小に関わらず実施されます。

2 賠償責任が法律で決められている

　地方自治法243条の2の2第1項では、一定の立場にある地方公務員に対して、過失による現金を亡失した場合の損害賠償責任を定めています。重過失でなく軽過失で足りるため、より広い範囲で損害賠償責任が生じることになります。

　この事例では、監査委員の監査の結果、損害の発生の原因となった現金管理の過失の程度は、担当職員が10分の7、監督責任のある課長が10分の3とされました。

この監査意見を踏まえ、「職員の賠償責任」が定められている地方自治法243条の２の２に基づき、延滞金を加算した上で、責任者である納税課長が11,467円、担当職員が26,758円を現金で納付しました。このうち、担当職員は勤続年数１年目の新人公務員でした。この賠償責任は勤続年数が短い新人公務員であっても、ベテラン職員であっても担当であれば同じように判断されます。

3　懲戒の対象になることも

　公金の場合は、重大な過失ではなく、単なる過失でも賠償責任を求められるうえに、懲戒の対象になることもあります。懲戒処分の具体的な内容は、地方公務員法29条により各自治体の条例等に規定されています。

　公金の亡失では戒告処分となるケースも多く、自治体のHPで公表されることも多くなっています。

　規模の小さな自治体では、氏名が公表されなくても、うわさになることも考えられ、想像するだけでも背筋が寒くなる事例ではないでしょうか。

4　少なくない公金亡失

　公金亡失はめったにないケースと思われるかもしれません。しかし、地方公共団体等では、税や国民健康保険の保険料等及びその他手数料等を窓口で頻繁に取り扱うため、公金亡失は珍しいケースではありません。例えば、公金の亡失等に伴い職員が損害を賠償した事例として、次頁の図表２−１のような事例があります。

5 現金亡失による損害賠償等の事例

図表2－1　現金亡失に伴う職員への損害賠償の事例

事案	概要
納税者からの収納金の亡失　兵庫県の地方公共団体[4]	2022年3月、税務部債権管理課の窓口で収納した現金のうち100,000円を亡失。施錠管理等が徹底されておらず、出納員（課長）が損害を賠償。
選挙事務手当の亡失　福岡県の地方公共団体[5]	2019年7月、選挙事務に従事する職員に支給する予定であった選挙事務手当241,600円が亡失。施錠管理や移送時の現金残高の確認が徹底されておらず、資金前渡者であった係長が損害を賠償。
納税者から収受した現金の亡失　兵庫県の地方公共団体[6]	2018年11月、収納対策課で納税者から収受した現金のうち100,000円が亡失。施錠管理等が徹底されておらず、出納員（課長）が損害を賠償。
釣銭の紛失　神奈川県の地方公共団体[7]	2017年10月、市民課の証明書等交付手数料収納に伴う釣銭用現金35,000円が紛失。マニュアルに定める現金残高の確認手続等が徹底されていなかった。関係職員が自主的に亡失額を補填した。
国保税収納金の紛失　北海道の地方公共団体[8]	2015年9月、国保課で徴収した現金20,000円を紛失。書類上の金額と現金残高の一致確認が不十分であり、関係職員3名が損害を賠償。
市税等収納金の紛失　秋田県の地方公共団体[8]	2015年9月、税務課で市税等の収納金74,770円を紛失。関係職員3名が損害を賠償。

※事例として列挙したもので網羅的に記載したものではありません。

6 現金亡失や盗難を防ぐにはどうしたらよいか

　これらの事例を見ていくと、公金の施錠管理が不十分、書類上の金額と実際の金額との照合を怠る、等の過失が見られます。

　地方公務員に対して、公金の取扱いは慎重の上にも慎重を期すことが求められています。

　厳しいようですが、職員が公金を取り扱うリスクを十分に認識せず、リスクへの対応策が徹底されていなかったものと考えられます。

　では、具体的にはどうすればよいでしょうか。通常、現金管理のリスク対応策として公金の取扱いに関する諸規則が定められているはずです。

　これらの諸規則を確かめ遵守するとともに、税金や保険料等の公金を扱う際には、庁舎内外を問わず、複数人で取り扱うことが重要です。さらに、紙幣や硬貨の数え間違いを防止するために、自動計数機の利用を徹底することも考えられます。

　また、盗難か職員の横領かが判然としない場合もあり、防犯カメラを設置することも検討すべきでしょう。

ポイント

公金の亡失は職員個人への損害賠償請求に直結する。また、懲戒の対象にもなる。

重過失による損害賠償

　地方公務員の場合、地方公共団体等に故意または重過失により損害を生じさせた場合に、職員個人に対して損害賠償請求がなされることがあります。最近では以下のような事例があり、概要を図表2−2でまとめています。

1 溢水事故等

　プールの水栓閉め忘れや、庁舎の貯水槽の排水弁閉め忘れにより水を出しっぱなしにしてしまい、無駄になってしまった水道代に対する損害賠償請求が職員個人になされた事例があります。

2 必要な事務手続の遅延や失念

　債権の請求手続を怠り債権が時効消滅した場合や、所定の手続を失念して国等からの財源が得られず損失が生じた場合に、その損害賠償請求が職員個人になされた事例があります。

3 不適切な補助金等の交付

　補助金等の申請受付時に、不正の兆候がありながらも十分に確認せず補助金等を交付してしまったことにより職員個人に損害賠償請求がなされた事例があります。

　また、2022年3月に東京都のある特別区からの私立認可保育所の運営費助成額が約5.1億円過大となっていることが発覚し、交付された

私立保育園からの返還を求める事案[9]が生じています。2018年度から2021年度にかけて、72の施設に交付されていました。職員個人への損害賠償がなされた事案ではありませんが、関係者の懲戒処分等[10]がなされています。

4 納品検収時の不備の見落とし

　発注した物品等の数量不足について、納品検収の際に気が付かず未納品となってしまった場合に、職員個人に損害賠償請求がなされた事例があります。

5 公用車での交通事故等

　無免許または免許失効中に公用車を運転して交通事故を起こした場合、修理代等に自動車保険等が適用されず損害が生じることがあります。このような場合に、損害賠償請求が職員個人になされた事例があります。

6 物品の破損、破壊

　誤って物品を破損させてしまった場合、修理代や代替品購入費用等の損害について、損害賠償請求が職員個人になされた事例があります。

7 個人情報の漏洩

　個人情報の漏洩が原因で犯罪被害が引き起こされた場合、民事裁判で損害賠償請求がなされることがあります。一義的には被害者から地方公共団体等への訴訟ですが、重過失の場合には地方公共団体等から職員個人に対して損害賠償請求がなされることがあります。

8 発注内容のミス

　特定個人への損害賠償ではありませんが、茨城県の地方公共団体で生じた公共下水道設計ミスの事例[11]では、設計ミスにより生じた損失について、全職員の給与を一律に減額する条例が可決[12]されることになりました。

　これほど大規模な事案は限られるかもしれませんが、誤発注は十分にあり得ることです。また、二重発注にも注意すべきです。すでに実施済みであった水道管の更新を誤って二重に発注したことにより不要な支出が生じてしまい、損害賠償にまでは至らなかったものの関係者が処分された事例[13]もあります。

9 うっかりミスでも許されない、サラリーマンより厳しい責任

　一般的に、民間企業で雇用される会社員が業務中に何らかのミスをした場合、勤務先から損害賠償を求められることは多くありません。しかし、地方自治法243条の2の2では、職員の故意または重過失があった場合の損害賠償に関して定めがあり、民間企業の会社員と比較してより厳しく責任が追及されます。

10 住民監査請求

　職員のミスにより地方公共団体等に何らかの支出等が生じた場合で、その地方公共団体等が職員に損害賠償を求めない場合には、住民監査請求がなされることがあります。

　住民監査請求とは、地方自治法242条により住民が違法または不当な公金の支出等があると認める場合に、監査委員に対して監査を求めることができるというものです。

　この監査では、職員のミスが故意または重過失にあたるのではないか、そうであれば地方公共団体等が代わりに支出等を負担しているこ

とが違法または不当な公金の支出にあたるのではないか、という点がテーマになります。

11 重過失は注意すれば避けられるのか

重過失の事例は、一見すると単なる注意不足と思うかもしれません。確かに、注意不足を完全に否定することはできませんが、単に注意すれば解決できる問題でもありません。

どのようなリスクがあるかをあらかじめ想定し、事前に対応策を講じておかなければ、そもそも何に注意を払うべきかが明らかではなく、紹介したような重過失の事例を防止できないと考えています。

12 この他の損害賠償の事例

総務省 HP で公表する「地方自治制度に関する調査資料等[14]」の「地方自治月報」では、財務事務に関係した職員の損害賠償事例について、「職員の賠償責任に関する調」で集計し公表しています。当該資料は過去の職員個人の損害賠償事例も参照することが可能であり、職務と関連がありそうな事例を見ておくとよいでしょう。

> **ポイント**
>
> 損害賠償に至るようなリスクは、職員個人の注意だけでは現実化防止が困難。あらかじめ業務の中に対応策を組み込んでおく必要がある。

重過失による
損害賠償等の事例

図表2－2　重過失による職員への損害賠償等の事例

事案	概要
プールの水が出しっぱなしになった事例　高知県の地方公共団体[15]	2021年7月にプールの溢水により生じた損害額約266万円のうち、5割を関係する職員3名に請求。
プールの水が出しっぱなしになった事例　神奈川県の地方公共団体[16]	2018年10月にプールの溢水により生じた損害額の5割に当たる54万円を関係する職員等7名に請求。
プールの水が出しっぱなしになった事例　東京都の地方公共団体[17]	2015年6月にプールの溢水により生じた損害額5割に当たる58万円を関係職員7名に請求。
プールの水が出しっぱなしになった事例　千葉県の地方公共団体[18]	2015年7～8月にプールの溢水により生じた損害額約438万円全額を関係する職員3名が自己弁済。
貯水槽の排水弁を閉め忘れた事例　兵庫県の地方公共団体[19]	2019年10月に貯水槽の排水弁の閉め忘れにより生じた損害額約600万円の5割を担当職員に請求。
生活保護費の返還金の適時の請求処理を怠り時効となった事例[20]　千葉県の地方公共団体	2017年、請求処理を怠ったことにより時効となった生活保護費の返還金約852万円を元担当職員に請求。
高額療養費の適時の請求処理を怠り時効となった事例[21]　高知県の地方公共団体	2020年9月、他機関への高額療養費約698万円の請求を怠り、その金額が時効消滅。担当職員がその全額を分割して弁済。
プール工事契約変更を怠り国からの財源措置を得ることができなくなった事例[21]　高知県の地方公共団体	2020年、2019年度のプールの改修工事に関する契約変更を怠り、国から財源措置を得られず生じた175万円の損害を担当職員が弁済。

納税遅延に伴う延滞税等の発生　京都府の地方公共団体[3]	2018年7月に市職員期末・勤勉手当に関する源泉所得税の納付を怠ったことにより生じた延滞税等約303万円を関係職員3名に請求。
造林事業等の不正な補助金交付申請書の確認を怠った事例[22][23]　長野県の地方公共団体	2018年3月、明白な不備がある書類を未確認のまま補助金交付決定を行ったことにより生じた損害約451万円を関係職員11名に請求。
発注した災害用備蓄物資が未納となった事例[24]　京都府の地方公共団体	2014年3月に調達した災害用備蓄物資に未納品があるにもかかわらず、全品納品されたとして検収し、検収調書を作成。その後、事業者が倒産したため未納品が納品されず損害が生じた事案。職員等に約752万円の請求。
公用車の交通事故で、無免許運転で損害保険が適用されずに損害が生じた事例　秋田県の地方公共団体[3]	2017年7月に職員が無免許で公用車を運転。一般車両と接触事故による損害について、保険適用されず生じた損害約9万円を当該職員に請求。
公用車の交通事故で、免許失効中で損害保険が適用されずに損害が生じた事例　京都府の地方公共団体[8]	2016年2月に職員が運転免許失効中に公用車で交通事故。保険適用されず生じた損害額の8割に当たる約158万円を当該職員に請求。
物品の破損　静岡県の地方公共団体[25]	2016年3月、下田警察署で保管期間が過ぎた携帯電話機を破壊作業中、誤って保管すべき携帯電話機を破壊し、その代金約3万円を当該職員に請求。
個人情報の漏洩　神奈川県の地方公共団体[25]	2012年11月、職員が閲覧制限付の個人情報を十分に確認せず電話照会で回答、その結果、犯罪被害が発生。市が負担した約139万円の損害賠償を当該職員に請求。

＊事例として列挙したもので網羅的に記載したものではありません。

入札情報漏洩による 高額の損害賠償

　公務員が入札に関する機密情報を事業者に漏らして談合をそそのかしたりすることを一般的に官製談合といいます。官製談合に関与した場合、職員個人にも多額の損害賠償がなされることがあります。このような事例は、啓発を目的として公正取引委員会が公表する資料[26]でまとめて紹介されています。いずれも非常に高額であることがわかります。

●2007年10月Ａ市：元職員４名に総額7,430万円
●2010年12月Ｂ市：元特別職員１名、職員３名に総額16億6545万円
●2019年12月Ｃ都道府県：元職員１名、職員１名に総額8,231万円

1 情報漏洩したら…… 刑事罰と損害賠償

　官製談合は、正確には「入札談合等」といい、「入札談合等関与行為防止法」により定められています。公正取引委員会が公表する概要説明資料[27]では、入札談合等に関与する行為として、次の４つが挙げられています。
　　①談合の明示的な指示
　　②受注者に関する意向の表明
　　③発注に係る秘密情報の漏洩
　　④特定の談合の幇助
　また、入札談合等関与行為防止法８条では、①から④に限らず入札等の公正を害すべき行為を行った場合に５年以下の懲役又は250万円以下の罰金が定められています。

さらに、入札談合等関与行為防止法4条5項では、「職員が故意又は重大な過失により国等に損害を与えたと認めるときは、当該職員に対し、速やかにその賠償を求めなければならない。」とされており、職員個人への損害賠償請求が生じる可能性があります。ここでいう損害とは、本来はもっと安く調達できたはずが、入札を適正に実施できなかったことにより高い価格で調達してしまったために生じたものです。公的機関の調達には発注額が多額になるものも多く、損害と考えられる差額も大きくなる場合があります。

2 なぜ入札談合等はなくならないのか

　入札談合等は、例えば事業者が入札に関する機密情報を得ようとする「探り行為」を受けることで、意図せずに情報漏洩してしまう場合もあり得ます。また、以下のように必要悪として意図的に行われることも少なくありません。

● 自分の苦手な担当業務に精通した事業者に対して、過度に依存してしまうことで情緒的関係が生じて、つい機密情報を教えてしまう。
● OB が事業者として接触、機密情報を聞き出される。
● 落札しないことにより担当業務が遅延する等の懸念から、責任感の強い職員が入札談合等に関与してしまう。　等

ポイント

入札談合等における損害賠償請求は、非常に多額で個人負担が困難。「自分は悪いことはしない」と思っていても、そうさせてしまう複合的な要因がある。

業務上過失致死等の刑事責任

1 人工砂浜陥没による死亡事故の事例

　2001年12月、兵庫県内の地方公共団体が管理する海岸で人工砂浜が陥没し、当時4歳の女児が亡くなった事故がありました。

　この事故の発生前にも、近辺で同様の陥没が複数生じており、最高裁では「本件埋没事故現場を含む東側突堤沿いの砂浜において陥没が発生する可能性があることを予見することはでき，本件埋没事故発生の予見可能性があったというべきである。[28]」とされ、最終的に市の担当職員は業務上過失致死の罪で有罪となりました。

2 プールでの死亡事故の事例

　2006年7月、埼玉県内の地方公共団体が運営する市民プールで、当時7歳の女児がプールの循環ポンプの給水口に吸い込まれ亡くなった事故がありました。

　給水口には防護柵が設置されていましたが、ボルトが外れた状態のまま十分な修理がなされず針金で固定していたために、事故発生時には外れた状態になっていました。

　この事件により、当時の担当職員2名が業務上過失致死で有罪判決を受けています。

　判決要旨では「流水プールの吸水口を覆う防護柵を確実に柵受板に固定すべき業務上の注意義務を怠り，防護柵を確実に柵受板に固定されてはいない状態のまま，流水プールを一般に開放し続けたため，防護柵を脱落するに至らせ，流水プールで遊泳中であった被害者を吸水

口から吸水管内に吸引させて死亡するに至らせた……[29]」とされています。なお、この事例では、有罪となった職員が担当する以前から給水口の防護柵が針金で固定されるという不適切な状態でした。しかし、判決では「その職責を果たしてそれまでの無責任の連鎖を断ち切り、その職責を果たさねばならなかった。[30]」と厳しい判断がなされました。

3 発生してからでは手遅れ……事前の備えの重要性

前記1、2の事例をリスク・マネジメントの観点から考えると、想定可能なリスクに対して事前に十分な対応策がとられていなかった、という点がポイントです。

このため、自分の担当業務にはどのようなリスクがあるか、そのうち重大なものは何か、どのような対応策を講じるべきか、あらかじめ自分自身でよく検討しておく必要があります。前例踏襲では、前記2のように責任を免れることはできないかもしれません。

ポイント

死亡事故等は、発生してから対応策を講じても手遅れ。担当業務に関する重大リスクを理解し、対応策を講じるスキルが求められる。

その他重大ミスや
不正等の想定例

1 当然あってはならない職員個人の行為

　社会人として当然ではありますが、勤務時間外で職務と関係がなかったとしても、法令違反や反社会的な行為は許されません。当然許されないものとしては、以下のような行為が想定されます。

　個人の不祥事であっても公的機関の職員の場合は報道等で取り上げられることも少なくなく、所属する組織に様々な損失をもたらすことになります。

- ●傷害、窃盗等の犯罪行為
- ●飲酒時における器物損壊や暴言等のトラブル
- ●無免許運転、飲酒運転
- ●痴漢や盗撮等の迷惑防止条例違反
- ● SNS による反社会的な発言
- ●規程上認められていない副業
- ●許認可等に関する贈収賄
- ●いじめ、セクハラ、パワハラ

2 一般的に想定される事例

　これまで、重要なリスクの具体的な事例として、過失による公金紛失、任務懈怠等の重過失、入札談合等への関与、業務上過失致死等刑事責任により、職員個人に法的責任が問われた事例を紹介しました。

　しかし、これらがリスクのすべてではありません。これらの事例は

氷山の一角と考えるべきです。

　リスクは業務や部署等により様々であるため、気が付いていないリスクも多くあるはずです。このようなリスクについて、自分自身ですべてを想定することは困難ですが、公務員に想定される一般的なリスクについては、報道や公表資料等から想定することが可能です。

3 想定されるリスクの具体例

　次項では、総務省の研究会が策定した地方公共団体における様々なリスクの一覧を記載しています。この資料は財務事務執行リスク等を中心としたリスク管理体制（いわゆる内部統制）の在り方を検討した際に作成されたものですが、財務事務に限らず広くリスクを列挙しています。もちろん、これがすべてではありませんが、自らの職責と関連しそうな項目を確認しておくとよいでしょう。

　また、情報通信技術の発展や働き方の多様化等の経済社会の変化に伴い、新しいリスクも出てきます。すでに想定されているリスクを参考に、業務環境の変化に応じて、自分自身の業務に新たなリスクが生じるのではないか、という事前の想定を持つことも重要となっています。

ポイント

報道や既存の公表資料等で、公務員に想定される一般的なリスクをあらかじめ理解しておく。また、それらを参考に自分の業務における特有のリスクや新たなリスクも想定する。

地方公共団体等で想定されるリスク一覧 (例示)[31]

No.			
No.1	業務の有効性及び効率性	プロセス	不十分な引継
No.2			説明責任の欠如
No.3			進捗管理の未実施
No.4			情報の隠ぺい
No.5			業務上の出力ミス
No.6			郵送時の手続ミス
No.7			郵送時の相手先誤り
No.8			意思決定プロセスの無視
No.9			事前調査の未実施
No.10			職員間トラブル
No.11			委託業者トラブル
No.12		人事管理	硬直的な人事管理
No.13		IT管理	システムダウン
No.14			コンピュータウィルス感染
No.15			ブラックボックス化
No.16			ホームページへの不正書込
No.17		予算執行	予算消化のための経費支出
No.18			不適切な契約内容による業務委託
No.19	法令等の遵守	事件	職員等の不祥事（勤務外）
No.20			職員等の不祥事（勤務中）
No.21			不正請求
No.22			不当要求
No.23			セクハラ・パワハラ
No.24		書類・情報の管理	書類の偽造
No.25			書類の隠ぺい
No.26			証明書の発行時における人違い
No.27			証明書の発行種類の誤り
No.28			なりすまし
No.29			個人情報の漏えい・紛失
No.30			機密情報の漏えい・紛失
No.31			不正アクセス
No.32			ソフトの不正使用・コピー
No.33			違法建築物の放置
No.34		予算執行	勤務時間の過大報告
No.35			カラ出張
No.36			不必要な出張の実施
No.37		契約・経理関係	収賄
No.38			横領
No.39			契約金額と相違する支払
No.40			不適切な価格での契約
No.41	法令等の遵守／財務報告の信頼性	過大計上	過大徴収
No.42		架空計上	架空受入
No.43		過少計上	過少徴収
No.44	財務報告の信頼性	計上漏れ	検収漏れ
No.45		不正確な金額による計上	財務データ改ざん
No.46			支払誤り
No.47			過大入力
No.48			過少入力
No.49			システムによる計算の誤り
No.50		二重計上	データの二重入力
No.51			二重の納品処理
No.52		分類誤りによる計上	受入内容のミス
No.53			システムへの科目入力ミス
No.54			科目の不正変更

No.55	資産の保全	資産管理	不十分な資産管理
No.56			固定資産の非有効活用
No.57			無形固定資産の不適切な管理
No.58			不適切な不用決定
No.59			耐震基準不足
No.60			現金の紛失
No.61		二重計上	二重記録
No.62			二重発注
No.63		不正確な金額による計上	発注価額の誤り
No.64			固定資産の処分金額の誤り
No.65		計上漏れ	固定資産の処分処理の漏れ
No.66			固定資産の登録処理の漏れ
No.67	経営体リスク (その他のリスク)	自然災害・事故	地震・風水害・地盤沈下・停電
No.68			渇水
No.69			火災
No.70			NBC 災害
No.71			放火
No.72			公共施設建築現場における事故
No.73			公営住宅の老朽化等に伴う事故
No.74			医療施設における事故
No.75			公共施設における事故
No.76			主催イベント時の事故
No.77		健康	感染症
No.78			食中毒
No.79			不審物による被害
No.80			医療事故
No.81			院内感染
No.82		生活環境	公害発生
No.83			産業廃棄物の不法投棄
No.84			公共施設内のアスベスト被害
No.85			水質事故
No.86		社会活動	児童・生徒に対する危害
No.87			施設開放時の事故
No.88			児童虐待
No.89			教育施設への不審者の侵入
No.90		経済活動	財政破たん
No.91			指定金融機関の破たん
No.92			家畜伝染病の発生
No.93		その他	首長の不在
No.94			管理職又は担当者の不在
No.95			庁舎内来訪者の被害
No.96			訪問先でのトラブル
No.97			職員と住民間トラブル
No.98			マスコミ対応
No.99			増大する救急出動
No.100			広域的救急医療事案の発生
No.101			テロ発生

リスクを察知する心構え

　本コラムでは、リスクを察知する代表的な方法を紹介します。第2章では、様々なリスクを紹介してきました。しかし、これが全てというわけではなく、経済社会の変化等に伴って常に変化するとともに、新しいリスクも生まれていきます。このような諸行無常であるリスクを事前に察知するためには、常にリスクに関する情報にアンテナを立てておく必要があります。公的機関ではリスクが現実化した事例について、情報公開される範囲も広いため、公表情報を定期的にチェックするとよいでしょう。

　定期的にチェックする情報の例としてまず新聞報道等が考えられます。その他、地方公共団体によっては事務処理誤り等の事例が公表されている場合があります。担当業務に近いものがあれば、参考になるでしょう。2020年度から開始された内部統制制度にもとづく内部統制評価報告書においても、リスクが現実になってしまった事例と再発防止策が記載されています。公的機関の監査・検査の専門家である会計検査院の指摘も参考になるかもしれません。会計検査院の検査事例をまとめた事例集は毎年出版されています。監査・検査者のような第三者の客観的視点を知っておくことは、リスクを察知する範囲を広げる上で参考になることでしょう。

＜定期的にチェックする情報の例＞
・新聞等の報道
・地方公共団体の事務処理誤り公表事例
・地方公共団体の内部統制報告書
・会計検査院の検査事例

第**3**章

新人公務員に想定されるリスクと対応策

リスク管理を行うためには、まずどのような業務にどのようなリスクがあるかを知らなければならない

本章では、大河、陽菜、澄人の3人は、意外にリスクの高い日常業務とその対応策について、先生から事例を通して学ぶ。

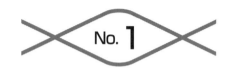

表計算ソフトの計算式設定ミス

1 表計算ソフトの意外なリスク

先生：まずは、業務で頻繁に利用する表計算ソフトの計算式設定ミスを考えてみよう。表計算ソフトの強みは、一度計算式を設定しておけば、複雑な計算を簡単に処理できるところだ。

澄人：表計算ソフトの利用なんて、業務の基本ですよね、私も頻繁に使っています。なぜ、先生は表計算ソフトの計算式が危険だと思うのですか。

先生：直感的に操作できるし便利なのだが、表計算ソフトで業務処理を行った場合、計算式の設定ミス等で大量の誤りが生じてしまうことがある。最近の報道で印象的だった事例を紹介しよう。

事例：東京都の特別区における補助金算定ミスの事例[32][33]

> 私立認可保育所に対する補助金を算定する表計算ソフトで作成した様式において、補助金の対象者となるパートタイムの保育士等の人数が約2倍と算出される計算式の誤りがあったもの。その結果、2018年から2021年までの4年間で72施設に対して約5億円の過大給付が発生。すでに支出済みの補助金の返還が求められ、大きく報道された事案。表計算ソフトで作成した様式の正確性の検証が複数の職員によりなされなかったことが第一の原因とされている。

図表3－1　表計算ソフトのリスクの概要

リスク対応策のポイント		
計算式の チェック	計算結果の チェック	チェック後の 正確性の維持

表計算ソフトを利用した業務処理のリスク
業務を自動的に処理できて便利な反面、
計算式を誤ることで大量の誤り等が発生

理由1	理由2	理由3
職員個人で気軽に作成できる反面、組織的管理やチェックが困難	何度でも同じ結果を再現できる反面、人事異動等に伴いブラックボックス化	変更が容易で便利な反面、意図しない誤った変更や、意図的な改ざんのおそれ

陽菜：この事例は報道で見ました。すでに使ってしまった補助金を返
　　　してほしいと言うのはとても批判されるだろうし、私だったら
　　　耐えられないと思いました。

先生：あまり知られていないかもしれないが、表計算ソフトの計算式
　　　を利用した業務処理は大きな問題を起こすことがある。主な理
　　　由を紹介しよう。図表3－1を見てほしい。

陽菜：理由1はわかる気がします。前任者から引き継いだ表計算ソフ
　　　トの計算式に誤りがあり、ヒヤッとしたことがあります。前任
　　　者が一人で作成・利用して誰もチェックしていないからこう
　　　いったことが起きるのだと思いました。

先生：そのとおりで、属人的な取扱いが問題となる。表計算ソフトは
　　　おそらく職員全員のパソコンにインストールされていて、誰で
　　　も利用できるだろう。また、直感的に操作できるから特別に訓

練されなくても使うことができる。このため、実はリスクがあることが認識されず、十分にチェックする慎重さが欠けてしまう。上司や先輩も計算式をチェックするという発想が持てないのかもしれない。

澄人：理由2もわかります。ベテランだった前任者が効率化のために計算式を組んで自動処理できる表計算ソフトのファイルを残してくれていました。ただ、僕のスキルではなぜこの計算式なのかがわからず、不安なので使わないままになっています。

先生：そのとおりで、表計算ソフトのスキルが職員により異なることでブラックボックス化という問題が生じる。表計算ソフトは適切に作成すると難しくて時間がかかる処理が一瞬で完了する。非常に便利なのだが、仕組みの理解と操作できるスキルがないと、そもそも表計算ソフトの計算式が正しいかどうか理解できないし、状況が変わった場合に変更することもできない。表計算ソフトをほとんど利用しない部署もあるだろうから、スキルには個人差が大きいと思う。

大河：理由3も経験があります。職場で共有するファイルの計算式がおかしくなってしまったことがありました。しかし、メンバー全員がアクセスできるし変更もできるから、誰のせいかわかりません。本当に覚えがないのに、新人の私が疑われてしまうことがありました。

先生：その点も重要だ。表計算ソフトは誰でも変更できる。情報システムと比較してみるとわかりやすい。例えば、勤怠管理は情報システムを利用していると思うけれど、自分の勤務時間等を入力するだけでプログラムを変更することはできないだろう。ところが、表計算ソフトではできてしまう。

澄人：誤って計算式をおかしくてしまうことはありそうな気がします。でも、意図的に変更してしまうケースはありますか。

先生：表計算ソフトに限らないのだが、業務を妨害するために意図的にデータが削除された事件がある。上司に叱責された報復行為や待遇に関する不満等が原因だそうだ。

●2018年1月12日滋賀県の地方公共団体[34]：自分が苦労して作成した資料を後任が使用することが許せないという理由で、ある職員が異動前の部署のデータを削除してしまった事例。
●2018年11月26日香川県の地方公共団体[35]：待遇による不満から、正規職員が作成したデータを非常勤職員が意図的に削除してしまった事例。
●2019年2月20日奈良県の地方公共団体[36]：業務割当に関する不満から、職務遂行に必要な自部署のデータをある職員が削除してしまった事例。
●2023年2月28日茨城県の地方公共団体[37]：上司の指導に腹を立て、報復として市職員が職務に必要なデータを削除してしまった事例。
　＊日付は報道等を参照し懲戒処分日を記載。

大河：動機は理解できないですが、悪意があってわざとデータを削除するという事件があるという認識は大事だと思います。

陽菜：もっとこわいのは、ミスを誘発させるために、誰かが勝手に計算式を改ざんする等の嫌がらせではないでしょうか。削除はすぐわかるけど、計算式を変えられてもすぐにはわからないです。自分のせいではないと証明できないと、犯人にされてしまいます。

先生：一般的な情報システムであれば、一般ユーザーがアクセスできる範囲が限られているので、わざと削除したり変更したりすることができる範囲も限られる。例えば、勤怠管理システムに自分の勤怠データを入力したり、削除したりすることはできても他の職員に関してはできないはずだ。しかし、表計算ソフト等のパソコンのアプリケーションで業務を処理すると大量のデータを誰でも容易に消去できる。また、意図的な改ざんのおそれもある。

大河：このリスクにはどのように対応すればよいのでしょうか。

先生：表計算ソフトを利用して業務処理を行う場合のリスク対応策には以下の３つの柱がある。順に見ていこう。

対応策１：数式が正しいことをチェックする。
対応策２：計算結果が正しいことをチェックする。
対応策３：ファイル及び設定した計算式が壊れないように維持する。

2 対応策１：計算式のチェック

澄人：対応策１の数式のチェックはどうやればよいのですか。

先生：まず、業務処理の根拠となる規程等に照らして計算式を書いてみて、その計算式が適切に表計算ソフトの計算式に反映されているかを確認してみよう。例えば、民間団体に対する補助金で、対象となる職員数と法人規模の二つの値を入力して交付額が決まるような場合を考えてみよう。その際、表計算ソフトを利用した算定ツール案１を作成してみた。この問題点は何だろうか。

図表 3 - 2 　表計算ソフトのツール案 1

入力セル1 対象人数		入力セル2 法人規模		補助金交付額計算結果 セル1と2を参照して 計算式で自動算定
××	人	職員数～10人		
		職員数10人～100人	✓	
		職員数100人～		□□ 　　円

大河：案1は計算結果セルに計算式をまとめて入れているのですね。
　　　表計算ソフトの関数機能に詳しい人はこのように簡潔に作る傾
　　　向がある気がします。しかし、これだと計算過程が見えにくい
　　　ですし、どのような根拠規程でこの計算式を組んでいるのかも
　　　明らかではありませんね。

先生：そのとおり。表計算ソフトを電子データの状態で配布して手で
　　　入力してもらう場合は入力欄を近くにまとめないと作業しにく
　　　いという事情はあると思う。しかし、図表 3 - 2 の案 1 では計
　　　算式が正しいかどうかを検証しにくい。このため、図表 3 - 3
　　　の案 2 のようにしてはどうだろうか。

図表 3 - 3 　表計算ソフトのツール案 2

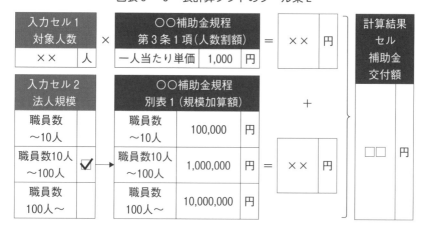

澄人：案2は、表計算ソフトの計算結果セルに数式をすべて詰め込まず、計算過程を丁寧に複数セルに分けて、矢印等で因果関係を記載しているのですね。根拠規程の○条第○項というように根拠が書いてあるから第三者が見ても正確性を検証しやすいし、根拠規程が変更された場合の修正も容易にできそうです。複雑な計算式が組まれている場合、高度なスキルがないと修正箇所の特定と修正方法を考えるのに苦労しそうですから。

陽菜：分量が増えて手間はかかるけど、案2の方がきちんと確認できる気がします。計算過程が見えるから、表計算ソフトが苦手な人でも根拠規程と突き合わせて行けば正確性を検証できそうです。

先生：さらに、計算式のチェックは上司や先輩職員にもチェックしてもらうべきだ。自分一人でやっていると、思い込みで気が付けないことがあるかもしれないからね。その際、案2のように計算過程を丁寧に示してチェックしやすい工夫をしておくと快く引き受けてくれると思うよ。

3 対応策2：計算結果のチェック

先生：対応策1は計算過程をチェックした。次は、実際に表計算ソフトの計算式に値を入れてチェックしてみよう。この際、いくつかのパターンがあるならそのすべての場合を試す必要がある。案2のケースでは法人規模に応じて3パターンの分類があるから、いずれも試してみる必要がある。

大河：補助金や給付金には上限があることが多いですよね。この場合、上限を超える条件の場合に上限値が計算されるか、上限を超えない場合には規定どおりの値が計算されるか、両方のパターン

を試してみることになりますね。

先生：そのとおり。さらに、表計算ソフトでの計算結果チェックとは
　　　別に、規程等を参照して電卓を用いて手作業でも実施するとよ
　　　い。手作業での計算は適切に理解していないとできないので、
　　　理解度も高まる。

陽菜：もし、算定式が非常に複雑でチェックが困難だった場合はどう
　　　すればよいでしょうか。

先生：表計算ソフトを利用して業務を処理すると、組織的管理ができ
　　　ずチェックが徹底されなかったり、ブラックボックス化したり、
　　　計算式が狂ってしまう等正確性が常に担保されないという問題
　　　がある。あまりに複雑な場合は情報システムを導入することが
　　　最善だ。例えば、市税の徴収は算定が複雑になるため、情報シ
　　　ステムを利用しているのではないかな。

陽菜：あまり件数が多くない複雑な計算が必要な業務の場合、情報シ
　　　ステム導入の予算はつかない気がします。この場合はどうすれ
　　　ばいいですか。

先生：全面的に一括・自動計算ではなく、間違いないと確信を持てる
　　　範囲で部分的に自動化することはどうだろうか。例えば、補助
　　　金等の算定パターンが複数あるとしよう。そのうち最もシンプ
　　　ルな計算式が適用されるパターンが多いとすれば、その部分だ
　　　け自動化してみてはどうだろうか。それだけでも負担はだいぶ
　　　減るし、単純なケアレスミスのリスクと比較してもメリットが
　　　享受できるかもしれないよ。

大河：計算式と同じように、計算結果も上司や先輩に見てもらえると

間違いないですね。

先生：そのとおり。チェックする人に対して、何をどのように見てほしいかを明確にしてお願いすることも重要だと思う。このためには、計算過程を明示しておくとやりやすいだろう。

4 対応策3：チェック後の正確性を維持する

先生：計算過程を根拠規程と突合し、計算結果も間違いなかったとしよう。しかし、ここで安心するのは早い。

大河：確かに、先生に指摘されなければこの段階で安心してしまうところでしたが、意図せずに誤った修正をしてしまったり、意図的に改ざんされてしまったりするリスクを考える必要がありますね。

先生：そのとおり。チェック後の表計算ソフトの正確性を維持するポイントは3つある。まず、変更できる人を限定すること、変更履歴を残すこと、バックアップすることだ。

陽菜：表計算ソフトには内容を編集できないようにパスワードが設定されている場合がありますよね。変更する人を限定すること、とはそのようなイメージでしょうか。

先生：そのとおり。表計算ソフトには保護機能が付いていて、パスワードを知っている人でないと編集できないように設定できる。そうすると、意図的でも意図的でなくても計算式の正確性を維持できる。さらに、もう一つ、データを格納する共有フォルダのアクセス権を限定することも、変更できる人を限定する手段になる。

大河：変更履歴を残すこと、については根拠規程が変更された場合にどこを修正したか、記録を残すということですね。

先生：そのとおり。管理が行き届いている部署では、表計算ソフトで作成したファイルの変更履歴が残っていると思うよ。誰がいつ、どのような理由でどこを修正したかを残しておく。変更の際には、責任者に報告して承認してもらう必要がある。このような管理が徹底されれば、表計算ソフトの計算式を変更する際のチェック漏れを予防できる。

陽菜：なるほど、計算式を変更した際にも誰かにチェックしてもらう必要がありますね。

先生：そのとおり。最初に作成した時点で計算式が正しいことをチェックするだけでなく、変更した時点でも変更内容が正しいかどうかをチェックする必要がある。表計算ソフトの計算式だけでなく、根拠規程の改正等の理解も含めて確かめよう。また、上司や先輩にチェックしてもらうとよいだろう。

澄人：バージョン管理も重要になりますね。せっかく適切な修正ができても、古いファイルと新しいファイルが混在すると、別の意味で算定ミスの原因となりそうです。

先生：そのとおり。最新版がどれか、混乱しないようにするためにも変更履歴の管理は重要だ。最後は、バックアップの重要性を考えてみよう。バックアップというのは、データを複製して別の場所に保管することだ

大河：計算式が誤った内容に変わってしまうことも困りますが、データそのものが消えてしまうことも業務に重要な影響を及ぼしま

すね。

先生：万が一削除されてしまっても復旧できるように、重要なデータは普段はアクセスしないフォルダに複製を作成しておく必要がある。大きな組織では、情報セキュリティ部門が定期的にデータの複製を作成し、一定期間保存してくれている場合もある。職場単位で保存が求められる場合には、光学メディア等の物理的媒体の方が安全かもしれない。しかし、情報セキュリティに関するルールで物理的媒体への複製が禁止される内容も想定されるので、その点は市のルールを事前に確認する必要があることを忘れないでほしい。

ポイントの整理

対応策１：計算式のチェック

●表計算ソフトの１セルに計算式を詰め込まず、計算過程がわかるように複数のセルで計算過程を示す。

●計算過程のそれぞれについて根拠規程との対応関係を記載することで、規程に適切に準拠していることを確かめるとともに、上司や先輩等の第三者がチェックしやすくする。また、根拠規程の改正時に計算式を更新しやすくする。

対応策２：計算結果のチェック

●表計算ソフトの計算式が完成したら、実際に数値を入力して正しい計算が実施されているかを確かめる。

●表計算ソフトの計算結果が正しいことは、別途電卓の手計算によってもチェックする。

●計算式に場合分けがある場合、想定されるパターンはすべて実際に値を入力して結果をチェックする。

対応策 3 ：チェック後の正確性を維持する

●表計算ソフトのファイルに編集制限を設定する。

●表計算ソフトのファイルを保管するフォルダにアクセスできる人を
制限する。

●意図的か意図的でないかに関わらず、全データが消去されてしまう
事態に備えて複製を別の領域に保存する。

●根拠規程の改正等、計算式を変更する場合には、表計算ソフトの計
算式と根拠規程の改正状況等の理解が正しいか、改めて確かめる。
また、上司や先輩にもチェックしてもらう。

●更新履歴を残し、誰が、いつ、どの部分を、どのような理由で変更
したかを記録する。また、変更履歴管理により最新版と旧版の混在
によるミスを防止する。

郵便による
個人情報の誤送付

1 郵便による誤送付のリスク

先生：職場で、この郵便を出しておいてほしい、と頼まれることはよくあると思う。しかし、郵便には意外なリスクがある。特に気を付けるべきなのは、個人情報を誤った相手先に送付してしまうケースだ。図表3－4を見てほしい。例えば、自分の机で個人情報が含まれる書類を郵送するために、封入作業1をしていたとしよう。その時、急に別件の郵送作業（封入作業2）も一緒にやってほしいと先輩から頼まれてしまった。この状況には意外と高いリスクが存在する。

図表3－4　誤送付による個人情報漏洩の例1

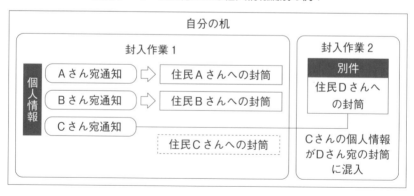

陽菜：同時に複数の封入作業を実施すると、誤った相手に個人情報が

図表3－5　郵便のリスクの概要

リスク対応策のポイント			
作業場所の整理整頓	窓あき封筒等チェックしやすい工夫	印刷したら即座に回収	リスクの高い同姓同名等の条件を認識
複数人での作業	注意力を高める工夫	発送履歴等の記録	

郵便誤送付による個人情報漏洩

個人情報を含む書類を住民等に郵送する際、誤った相手先に送付してしまうことで個人情報が漏洩、犯罪被害等を発生させてしまう

理由1	理由2	理由3
個人情報を含む書類を取り扱う業務が多い	プリンターの共有等、同じ場所・機器で複数の個人情報を扱う	同姓同名の個人、似た名称の法人名がある

含まれる書類を送付してしまうリスクが高まりますね。万が一、誤送付した個人情報が犯罪に利用されたらと思うと怖いです。

先生：図表3－5を見てほしい。このようなリスクが生じるのは、地方公共団体では多くの個人情報を取り扱うこと、執務スペースには限りがあるので作業場所が重複していたり印刷機器等が共有されたりしていること、同姓同名や類似の法人名称等があり間違えやすいこと、等の理由がある。

大河：そういわれてみると、私たちの職場は郵便による誤送付を起こしやすい職場といえますね。

先生：そのとおりで、郵便で個人情報を送付する場合、封入を間違え

ることで個人情報を流出させてしまうリスクが高く、事前の備えが重要となることを認識してほしい。

2 対応策１：作業場所の整理・整頓

先生：一つ目の対応策は、広く余裕のある作業場所を確保するとともに、複数の封入作業を同時にやらない、関係のない書類が紛れ込まないように必要な書類以外を封入作業場所に置かない、というものだ。

大河：なるほど、それはわかりました。しかし、同時並行させず一つの封入作業に専念していたとしても、多数の人に送付する場合には誤送付が生じるかもしれないですよね。

先生：よい視点だ。次は図表３－６を見てほしい。同じ封入作業でも、Ｂさん宛の封筒にＣさんの個人情報を入れてしまい、Ｃさん宛の封筒にＢさんの個人情報を入れてしまうパターンも考えられるね。

図表３－６　誤送付による個人情報漏洩の例２

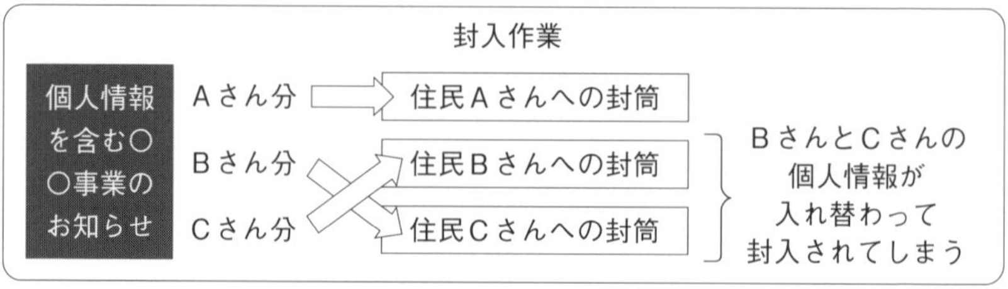

澄人：この場合、複数の封入作業を同時にやらない、関係のない書類が紛れ込まないように必要な書類以外を封入作業場所に置かない、という対応策を実施しても予防できない気がします。

3 対応策2：チェックしやすい工夫

先生：図表3－6のケースを予防するために窓付きの封筒を利用する
方法がある。封筒に宛名書きして、さらに別途中身を詰める作
業をすると、封筒に書いた宛先と中身が相違してしまうおそれ
がある。たまたま窓あき封筒の在庫がなく、窓がない封筒を利
用してしまうことで誤送付が生じるケースもあるから、基本に
忠実に作業を遂行することが重要だ。他にも、あらかじめ発送
件数と同じだけの封筒を用意し、作業終了後に過不足が生じて
いないかをチェックする方法もある。この場合、一つの宛先に
重複して封入してしまうミスを発見できる。

4 対応策3：印刷したら即座に回収

陽菜：他にも郵便の誤送付の事例はありますか。

先生：想定されるのが、プリンターで印刷する際に、他の職員が出力
した個人情報を含む印刷物が紛れ込んでしまう場合だ。どのよ
うなプリンターを利用しているかにもよるのだが、パソコンか
ら印刷指示をした後に、プリンターの実機の印刷開始ボタンを
押さないと印刷できない仕組みであれば、混入するリスクは高
くないと思う。しかし、パソコンから印刷指示を出したら即座
に印刷される場合には、他の印刷が割り込まないように、自分
のプリントアウトした印刷物を放置せず、すぐに回収する必要
がある。

大河：うちの部署のプリンターは印刷指示を出したらすぐに出てきて
しまいます。リモートワークで誤って印刷ボタンをクリックす
ると、職場で印刷されてしまう仕組みでもあるので心配です。
個人情報入りの文書の印刷には注意が必要ですね。

5 対応策4：同姓同名等の高リスク条件を認識

先生：ところで気を付けていても見落としがちなのが、同姓同名だ。同姓同名の可能性を考慮しないと入れ間違えてしまうかもしれないし、チェック時に見落とされるかもしれない。リストで同姓同名がないか、先にチェックして重点的に確認するとよいと思うよ。同じ発想で、類似した法人名も同様に注意してほしい。

6 対応策5：複数人で作業する

陽菜：うちの職場では、個人情報が含まれる文書を郵送する際には、必ず複数人でチェックしてから出すルールです。このルールを守ることも大事ですよね。

先生：そのとおり。おそらく、公的機関ではどこでも規程やマニュアル等で、個人情報入りの文書を複数人で取り扱うことが定められていると思う。そのようなルールは誤送付を防止する仕組みとして重要だから定められているもので、煩雑と思わず遵守してほしい。

陽菜：気になっていることがあるのですが、職場の先輩は慣れのせいかチェックが雑な気がします。ちゃんと見ているのか、心配です。

先生：それはチェックポイントが明確になっていないことが理由ではないかな。チェックポイントが明確でないと、より広い範囲で注意する人とやや狭い範囲で注意する人との温度差が生じてしまう場合がある。本人は手抜きしているつもりがないのかもしれない。

陽菜：言われてみれば、チェックポイントが具体的ではない気がします。

先生：本人はちゃんとやっているつもりかもしれないので、感情的にならず冷静になぜ温度差があるのかを考えてみよう。また、チェックする者の責任を自覚してもらうために、チェック者の氏名がわかるようにチェック記録を残すとよいだろう。

7 対応策6：注意力を高める工夫

大河：やむを得ず、一人で発送しないといけない場合はどうしましょうか。

先生：他部署の人でもよいので声をかけて、あくまでも複数でのチェックを実施することが正しいと思うよ。それもできないのであれば、個人の注意力を高めるしかない。注意力を高める方法としては、作業前に一息入れて、これからリスクの高い業務を行うという意識の切り替えを行う、という手法を紹介したね。また、中断はミスの原因なので中断せざるを得ない何かが見込まれるなら、できるだけそのタイミングは避けた方がよい。確認項目をチェックする際に声を出すこと、チェック項目に対して指差しする方法も意識を高めるために有効といわれている。

澄人：郵便出すだけでも一苦労ですね。郵便は日常生活で頻繁に使用するから馴染みがあります。先生の話を聞かなかったら油断して日常生活と同じ感覚で仕事をしてしまったかもしれません。

8 対応策7：発送履歴等の記録

先生：最後に、万が一個人情報が流出した場合には、事実関係を速や

かに把握して公表し、犯罪被害等の発生防止に取り組む必要がある。このため、発送した書類の宛先や内容は普段から記録しておき、すぐに探せるように備えておく必要がある。

大河：重要な文書は、郵送したらおしまいではなく万が一に備えて発送記録を残すように注意します。

先生：最後に、参考資料を紹介しよう。総務省から「行政機関等における個人情報保護対策のチェックリスト（調査研究報告書）[38]」という文書が公表されている。郵送による誤送付以外にも、対面で誤った相手に個人情報入り文書を交付してしまう場合等への対応策もまとめられているので、参考になるだろう。

ポイントの整理

対応策１：作業場所の整理整頓
- ミスに気が付きやすくなるため、広く余裕のある場所を確保して作業する。
- 気が付かないうちに無関係の書類が混入しないように、封入作業を行うスペースは整理整頓し、関係のない書類は置かない。

対応策２：チェックしやすい工夫
- 窓開き封筒を利用することで、別件の封入作業が紛れ込んでいないか等を点検しやすくする。
- 送付件数と同じ枚数の封筒をあらかじめ用意し、作業終了後に過不足がないことを確かめる。

対応策３：印刷したら即座に回収
- 他の事案の印刷物が紛れ込まないように、個人情報を含む封入物をプリントアウトしたら即座に回収する。また、印刷物の中に他の事案の印刷物が紛れ込んでいないかを直接確かめる。

対応策4：特にリスクの高い同姓同名等の条件を認識

●宛先には、同姓同名の人物や類似の法人名が存在する可能性を認識する。

対応策5：複数人で作業する

●一人で実施せず、複数人で作業する。

●人によってチェック水準にムラが生じないようにチェックポイントを明確にする。

●チェック者としての責任を自覚できるように、チェック者が誰かわかるように記録に残す。

対応策6：注意力を高める工夫

●作業前に一息入れて、リスクの高い業務に取り組むという意識に切り替えるとともに、集中力を高める。

●注意力を高めるために指差し呼称で封入物の正確性をチェックする。

対応策7：発送履歴等の記録

●万が一、誤送付した場合に備えて発送した書類の履歴を残しておく。

公金の亡失・紛失

1 現金をなくすリスク

先生： 日常生活と同じ感覚で仕事をすると危険な目に合うことが良く
ある。これまでみてきた、表計算ソフトや郵便もそうだったが、
実は現金も同じく業務上のリスクが高い。業務においては、日
常生活と同じ感覚で現金を取り扱ってはいけない。アルバイト
等では常識かもしれないが、改めて解説しておきたい。

澄人： 私はアルバイトでレジの現金を取り扱っていました。確かに、
先生のおっしゃるとおりで、慎重に取り扱うように何度も指導
されました。現金は一日のうちに何度も数えて、レジの記録と
一致することを確認していました。また、釣銭用に一定額を残
して毎日銀行口座に預け入れていました。レジを交代する際に
必ず数えること、交代する次の担当者にも必ず数えてもらうこ
とも指導されていました。今思えば、これもリスク管理の一環
ですよね。万が一自分のせいじゃないのに疑われてしまっても、
きちんと所定の手続を遵守して記録しておけば、潔白を証明で
きますしね。

先生： まったく、そのとおり。まず、現金に関する一般的なリスクを
列挙してみよう。現金は様々なものを買うことができる非常に
価値があるものだ。ここで、現金の特徴を考えてみてほしい。
硬貨は小さく作られていて、紙幣は折りたためてコンパクトに

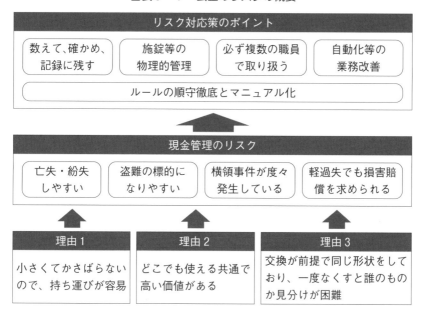

図表3－7　公金のリスクの概要

リスク対応策のポイント

| 数えて、確かめ、記録に残す | 施錠等の物理的管理 | 必ず複数の職員で取り扱う | 自動化等の業務改善 |

ルールの順守徹底とマニュアル化

現金管理のリスク

| 亡失・紛失しやすい | 盗難の標的になりやすい | 横領事件が度々発生している | 軽過失でも損害賠償を求められる |

理由1	理由2	理由3
小さくてかさばらないので、持ち運びが容易	どこでも使える共通で高い価値がある	交換が前提で同じ形状をしており、一度なくすと誰のものか見分けが困難

　できる。お財布に入れて容易に持ち運べるようにするためだ。このように、社会に共通する高い価値があり、小さくてコンパクトであるがゆえに次のようなリスクが生じる。

〈現金に関するリスク〉

①　現金の亡失・紛失

②　現金の盗難

③　現金の職員による横領

④　①～③に関して過失のある職員の損害賠償や懲戒処分

大河：現金は容易に持ち運びできるように作られているからなくしやすい、現金は誰でも欲しいものだから盗まれたり、使い込まれたりしやすい、ということですね。

先生：それに加えて辛い点は、現金がなくなったりした場合には、盗難・横領の可能性を考慮しなければならないことだ。外部犯による盗難の可能性もあるけれど、犯人が職員や内部に精通したOBである可能性も捨てきれないからね。実際、職員が横領しているケースは本当に存在する。

澄人：つまり、事故か事件かに関わらず、現金はなくなりやすい、そしてなくなった場合には関係者が疑われる、ということですね。

先生：厳しい措置だが、公金を取り扱う以上、すべての可能性を考慮した原因究明が求められる。盗難被害を念頭に警察に被害届を出す場合もある。この場合は警察の捜査が行われる。

陽菜：警察の捜査なんて、ドラマでしか知りません。

先生：民間企業の事例だけど、実際に警察の捜査を受けた人から話を聞いたことがある。ある会社で現金がなくなって警察に被害届を出したそうだ。このような場合、犯人が内部にいる可能性も考慮して現金に触れることができた職員は全員事情聴取が求められる。私が知っているその人も事情聴取を受けた。その事情聴取の際には、ポリグラフの使用が求められたそうだ。その人によると自分が犯人ではないので同意して受けたそうだが、それでも緊張したと話していた。

澄人：ポリグラフって何ですか。

先生：俗に嘘発見器と呼ばれる装置だよ。体の反応を測定する機器を身に付けた状態で質問を受け、嘘の回答をすると検知できるというものだ。

大河：怖いですね。現金は一歩間違えると厄介な事態を招きますね。

先生：もちろん、嘘発見器の話は個別の事例であるし、例外的なのかもしれない。ただ、警察が捜査する可能性があることは想定してほしい。さらに、警察の捜査で盗難・横領であることが証明されなかったとしても、関係職員が損害賠償を求められることも考えておく必要がある。

澄人：現金をなくした場合には、損害賠償を求められるのですか。

先生：現金の場合、職員に軽過失があれば損害賠償が求められる。物品の亡失による損害賠償が重過失に限られることを考えると、より厳しく責任が問われることになる。民間企業のサラリーマンにはめったにこのような事態は起きない。しかし、地方公務員の場合には、少額であっても損害賠償が求められているし、さらに懲戒処分も想定される。

陽菜：私も業務で現金を取り扱いますが、職場で現金を見るのが嫌になりました。

先生：暗い話になってしまったが、現金に関する対応策は基本的に確立されていると言ってよい。このため、きちんと対応策を遵守すれば過度におそれることはないよ。順を追って説明しよう。

2 対応策１：数えて、確かめ、記録に残す

先生：現金管理の基本はまず数えることだ。もちろん数えるだけでなく、数えた結果があるべき金額と一致していることを確かめ、そして確かめた事実と確かめた内容を記録に残す必要がある。言い換えると、なくなっていないことを頻繁に確かめる、とい

うことだ。

大河：数える回数はどうやって決めればよいのですか。

先生：基本的に、始業と終業、レジや金庫の担当者が交代するタイミングが基本だ。収納窓口等で頻繁かつ大量に現金を扱う場合には、さらにお昼休み前後に数える等、もっと回数を増やすことになる。

澄人：確かに、アルバイトの時でも数時間置きに数えていたと思います。

先生：さらに、数えた現金の合計額があるべき金額と一致している必要がある。収納窓口であればレジのような装置で入金・出金を記録しているだろうから、その記録と一致することを確認する。レジのような装置を使わず、表計算ソフトや紙で出納簿を作成する場合、忘れる前にすぐに記録して出納簿の正しさを維持するように心がけてほしい。

大河：記録に残すのは入金・出金のことだけでなく、数えた内容と数えた人や日時も残す必要がありますよね。

先生：そのとおり。これには自分の身の潔白を証明するため、という意味もある。しかし、これは単に犯人探しということではなく、問題が生じた範囲や時間を特定して原因を究明できるようにすることが本質だ。正確な原因が不明でも、少なくとも盗難や横領ではない、ということだけでもわかると事後処理がだいぶ楽になるからね。

陽菜：銀行の窓口の人って、お札を数えるのがすごく早いですよね。

私はなかなか慣れないし、良く数え間違えてしまいます。何か、コツはあるのですか。

先生：お札を素早い動作で数えられたりするとカッコいいけど、実は私もできないのだよ。ただ、重要なのは手さばきの滑らかさではなく、正確性だ。お金を数える時のコツはお金の種類ごとに数えて、そこから合計額を算出することだ。例えば、一万円札、五千円札、千円札、五百円玉……といったお金の種類を金種という。金種別に数を数えて金種別に金額を算出した結果を金種表という表にまとめる。やみくもに数えていると、どこまで数えたか、わからなくなってしまうからね。

陽菜：金種表は確かに見たことがあります。私のいる部署では現金は少額のため、面倒と思って使わなかったのですが、今度からは利用するようにします。

先生：ここまで数えて、確かめ、記録に残すことの重要性を解説してきた。重要なことなのだが、現金亡失事案を見ていると、ほとんどの場合で現金を数える等の基本が徹底されていない。

大河：どうして基本が徹底されないのでしょうか。

先生：多くの事例で共通するのは、ルールがあるのに守られていないということだ。私が見るに、現金の取扱いはリスクが高いという認識が欠けているのではないかと思う。また、もしあったとしても慣れによって感覚がマヒしてしまうのかもしれない。大事なのはルールの遵守と継続だ。ルールの遵守は煩雑に感じることもあるが、本来の意味はリスクが現実になることを予防したいということだ。万が一、周囲の人が軽んじていたとしても、それに流されてはいけないよ。

3 対応策2：物理的管理 ①施錠等

先生：定期的に正確性を確認した上で、次に必要なことは物理的な管理だ。

大河：要するに金庫で保管するということですね。

先生：当たり前と思うだろうけれど、なくならないようにするためには金庫に鍵をかけて保管すればよい。ところが、現金亡失事案の調査報告書を見ていると、多くの場合で施錠管理が形骸化して徹底されていない。理由は、数えて、確かめ、記録に残すことが徹底されないことと同じで、現金の取扱いに関してリスクが高いと認識されていないか、最初は感じていても徐々に慣れてしまうことにある。さらに、前任者や周囲の人がやっていないとそれに流されてしまうということもあるのだろう。

陽菜：施錠等が徹底されないのは、他の職員に迷惑をかけてしまわないか、という気持ちがあることも理由ではないでしょうか。例えば、現金を取り扱う担当者と金庫の鍵を保管する担当者とが異なる場合、金庫の鍵を保管する人が仕事を早く終えても、現金を取り扱う担当者の仕事が終わらないと退庁できないですよね。そうすると、ま、いっか、という空気が生まれてしまいそうです。

先生：新人公務員の立場では周囲に遠慮する気持ちがあるかもしれないね。しかし、煩雑でも施錠管理等のルールは現金亡失リスクへの対応策となっている。原則に忠実に取り組む方が不祥事を予防できて、結果的に周囲に迷惑をかけずにすむ。

4 対応策2：物理的管理 ②他の現金と融通しない

先生：今度はなくなるのではなく、紛れ込むことを考えてみよう。

陽菜：報道を見ると、亡失と紛失で、どちらの表記もありますよね。使い分けがあるのですか。

先生：報道では厳密に使い分けていないかもしれないが、今回の話の中では区別して考えよう。現金がどこかに紛れてしまうような場合を紛失と呼ぶことにする。紛失の原因としてまず考えられるのは、自分の財布に紛れ込むケースだ。

大河：えっ、なんで自分の財布に紛れ込むのですか。

澄人：理由はわかる気がします。原因は釣銭不足ではないでしょうか。私の職場で管理している施設は利用者から利用料を徴収しているのですが、たまに釣銭切れを起こします。その時、自分の財布にある現金で両替してしまう時がありました。

先生：現場では、たまにそういったことが起きてしまう。気持ちはわかるが、事故の原因になるし、横領を疑われてしまうかもしれないから、やめるべきだよ。仕事では数時間おきに現金を数えていると思うけど、自分の財布の現金を正確に把握している人はいないだろうから、正確性を後から検証することもできない。頻繁に釣銭切れを起こすなら、早急に用意する金種と金額を見直すべきだ。

大河：確かにそうですね。そもそも公金を管理する金庫の前で、自分の財布を出してお金を出し入れしていたら、どうみても怪しいです。

陽菜：公金外で現金を預かるようなケースでも同じですよね。公金と公金外のお金で両替したりしたら、どっちがどっちだかわからなくなってしまうから。

先生：そのとおり。紙幣の番号を控えたりしない限り、お金は個々に見分けることが困難だ。だから、他の理由で管理する現金に紛れ込んでしまうとわからなくなってしまうおそれがある。紛失防止のためには、自分の財布や公金外の現金で両替しないこと、他の理由で管理する現金と同時並行して取り扱わないことだね。

大河：紙幣が他の書類に紛れ込むこともありそうですよね。同じ紙だし、薄くて小さいから。

先生：そのとおり。これは誤送付防止の時と同じことだが、現金を取り扱う場所はきちんと整理・整頓しておくことも重要だ。本当はあるのに、紙幣が他の書類に紛れて見つからない、という事態は避けたいね。

5 　対応策3：必ず複数の職員で取り扱う

先生：次に、現金の取扱いは必ず複数の職員で実施することが原則だ。一人で管理しているとミスに気が付けないこともある。また、数えた結果が記録されていても、一人でやっていると嘘の内容を記載することができてしまうので、信じてもらえないかもしれない。

陽菜：先生のいう複数で対応というのは、いわゆるダブルチェックのことですか。

先生：もう少し詳しく説明すると二つのパターンがある。まず、ダブ

ルチェックのように、二人が同じものを別々に数えて間違いが
ないことを確認することだ。同じことを違う人が繰り返して
チェックすることになるね。もう一つのパターンは、職務分掌
といって一人だけで業務が完結しないようにする方法だ。

澄人：職務分掌って、言葉はよく聞く気がします。

先生：例えば、現金を保管する金庫は鍵と暗証番号がないと開けられ
ない仕組みではないだろうか。この場合、鍵を管理する人と暗
証番号を知っている人は分けることが一般的だ。

澄人：私の職場でも施設利用料として受け取る現金を金庫で保管して
います。金庫は暗証番号が設定できないですが、さらに金庫の
中に手提げ金庫を用意してその中で現金を保管しています。言
われるまで気が付きませんでしたが、確かに手提げ金庫の鍵と
大金庫の鍵は別の人が管理しています。

先生：それも分掌の一つだね。分掌とは、要するにジグソーパズルの
イメージで、複数の担当者の作業が合体しないと一つの業務が
実施できない仕組みだ。一人で完結できないので、意図しない
ミスや横領を防止できる。

陽菜：通帳と印鑑の管理者が別になっているのも分掌の事例ですよね。

先生：そのとおり。銀行口座からの引き出しに必要な印鑑は、通帳と
は別の人が別の場所で管理することで、一人の職員だけでは預
金を引き出せない仕組みにしている。これも分掌の一例だ。

6 対応策4：自動化等の業務改善

先生：次は、自動化等の業務改善を考えてみよう。現金亡失・紛失が発生した場合の再発防止策を見ていると、共通して以下のような業務改善が行われている。逆に言えば、先んじて再発防止策を取り入れておけば、高い予防効果が期待できる。

〈現金紛失・亡失の再発防止策の例〉
- ●現金で支給していた職員への手当を振込に変更する等、現金の取り扱いをやめる。
- ●お釣りを自動計算する高機能レジスターを導入する。
- ●現金を数える際には、手作業ではなく自動計数機を使用する。
- ●防犯カメラを導入して事故・事件発生時の状況を適時かつ正確に把握できるようにする。

澄人：なるほど、これらの対応策を講じていれば現金の紛失・亡失等を予防できそうですね。これらの観点で業務を見直せないか、上司や先輩に相談してみます。

先生：現金の亡失・紛失はなかなかゼロにすることが難しいのだよ。現金を取り扱う職場ではどこでも起きる可能性があるのだから、事故・事件が起きてからではなく、発生する前に取り組むべきだ。

7 対応策5：ルールの遵守徹底とマニュアル化

先生：最後に、現金管理について一番大事なことを話そう。それは、現金管理ルールを遵守することだ。

大河：それ、当たり前ですよね。

先生：当たり前なのだが、意外とできていない。ほとんどの地方公共団体では、現金管理に関するマニュアルが存在している。リスクが高いことがあらかじめわかっているので、予防する対策が立てられているということだ。しかし、実際の事故・事件の事例を見ると、多くの場合で現金管理ルールが遵守されていないことが原因の一つに挙げられている。これは私の意見だが、大きく二つの理由があると考えている。

●現金の取扱いはリスクが高いという認識がそもそも薄く、マニュアルで求められる作業の意味や価値を理解していない。
●リスクが高いことを認識している人でも、慣れにより形骸化してしまう。

陽菜：今回、現金に関するリスクが高いこと、有効な対応策がルール化されているので遵守する必要があることを勉強できました。先に知っておいてよかったと思います。

先生：現金管理だけに限らないが、規程やマニュアル等で煩雑なルールが定められていることがある。煩雑で省略してしまったり、手抜きしたりしたいと思うかもしれない。しかし、それらのルールは何かしらリスクを予防する意図があるはず。ルールを理解する際には、腹落ちするまでルールの意図を考えることが重要だね。

大河：現金管理のマニュアル等が存在しない場合はありませんか。

先生：公的機関では通常存在すると思うが、小規模の組織では定めていない場合があるかもしれない。東北地方のある町で発生した公金紛失の事例[39]では、現金の取扱いに関するマニュアルがなかったことも原因の一つに挙げられている。

陽菜：もしない場合は、作成して現金の取扱いに関するルールを明確にする必要がありますね。

先生：そのとおり。まさかとは思うが、現金を取り扱う職場でマニュアルがないのは問題だ。何をすべきかが明確でないと、万が一事故・事件が発生した場合に、自分が職責を果たしたかどうかの説明も困難になってしまう。早急に作成すべきだね。

陽菜：ちょっと気になったのですが、現金と同じ条件のものは、現金に準じた管理が必要ですよね。

先生：いいところに気が付いたね。現金と同じ条件を満たすものとして、有価証券、収入印紙、郵便切手等がある。また、タクシーチケットも現金に準じた取扱いをするだろう。どこでも使える共通の高い価値があって容易に持ち運べるものは要注意だね。金券ショップ等で換金できるものをイメージするとわかりやすいと思うよ。

ポイントの整理

対応策1：数えて、確かめ、記録に残す

● 一日複数回、現金の在り高を数えて、記録に残すとともに帳簿上あるべき金額と一致することを確かめる。

● 現金の在り高を数える時は暗算せずに、金種表を使って各金種の合計枚数から算定する。

対応策2：物理的管理 ①施錠等

● 金庫や施錠可能なキャビネットで保管する。

対応策3：物理的管理 ②他の現金と融通しない

● 釣銭切れ等の場合でも、自分の財布や他の理由で管理する現金から

両替しない。

対応策 4 ： 必ず複数の職員で取り扱う
●ミスや不正防止のために、現金を取り扱う業務は複数の職員で実施する。
●複数の職員による取扱いにはダブルチェックや職務分掌がある。
●ダブルチェックの例：二人以上の職員でそれぞれ独立して現金を数えて両方の結果が一致することをお互いに確認し合う、等。
●職務分掌の例：金庫の鍵と暗証番号を別の職員が管理することで、複数の職員がそろわないと金庫の開閉ができないようにする、等。

対応策 5 ： 自動化等の業務改善
●お釣りを自動計算するレジや現金の自動計数機を導入することで、手作業等によるミスを防止する。
●防犯カメラを設置して、万が一事故・事件が発生した場合に、事実関係を適時かつ正確に把握できるようにする。

対応策 6 ： ルールの遵守徹底とマニュアル化
●現金取り扱いに関するルールが遵守されないことが多いため、現金を取り扱う業務のリスクの高さと手順を遵守することの重要性を改めて確かめ、納得できるまでルールの意図を考える。
●マニュアル等で定められている事項が遵守されているか、改めて確かめる。

プール等の溢水事故

1 溢水のリスク

先生： 日常生活と同じ感覚で仕事をすると危険な目に合うことが良くある。今度は溢水事故を検討してみよう。家庭でお風呂の湯舟に栓をするのを忘れて水を出しっぱなしにする、キッチンの水道の蛇口を閉め忘れる、等で水道代を無駄にしてしまうことはないだろうか。

陽菜： まれにあります。ただ、何日も家を留守にするのでなければすぐに気が付きます。水道代が異常な金額になるほどに至ったことはありません。

先生： 家庭における日常生活ではそのとおりだと思う。しかし、公的機関では、学校のプールや庁舎の貯水槽等で大量の水を利用する場合がある。このような場合に、注水を止め忘れたり、誤って注水と排水を同時に行ったりすることで、大量の水を失ってしまう事故が起きている。多額の水道代が請求されることになり、結果として担当職員に損害賠償が求められる。

澄人： 私は報道で見て知っていました。日常生活で特に意識することもなく利用する水道にそのようなリスクがあるのは意外でした。言われないと気が付かないかもしれません。

図表 3 − 8　溢水のリスクの概要

リスク対応策のポイント

| 止め忘れ防止のリマインダーをセットする | 注水・排水の状況を目に見えるようにする | 注意点を明確にし、事前にチェックリストで確かめる | 別の職員にもチェックしてもらう |

溢水のリスク
注水を止め忘れることで不要な水道代が多額に発生
職員個人に損害賠償が求められる

| 理由 1 | 理由 2 | 理由 3 |
| 大量の水がたまるまで時間がかかり、作業が中断する | 注水・排水しているかどうかが目で見えにくい | 頻繁に発生する作業ではなく手順が不明確 |

先生：まず、溢水事故のリスクが高いという認識が重要だね。地方公共団体等では定期的に注意喚起が行われているのに、それでもなかなか溢水事故はなくならない。水道はいつも使っているものだから、リスクが高いと認識しないのかもしれないね。

大河：溢水事故の原因は何でしょうか。安易かもしれませんが、止め忘れないように注意すれば防げるのではないかと思いました。

先生：図表 3 − 8 を見てほしい。プールや貯水槽の溢水事故に関する報告書を見ていると、おもに 3 つの理由から発生している。それぞれを見ていこう。

理由 1 ：大量の水がたまるまで時間がかかり、作業が中断する
先生：1 つ目の理由は大量の水がたまるまで時間がかかることだ。例えば、学校のプールを思い浮かべるとわかりやすいと思う。先

生がプールの水を注水して、水がたまるまでずっと注水状況を
見ている、ということはしないだろう。

大河：なるほど、ほぼ必ず作業が中断する、中断は失念の原因になる、
だから注水作業は止め忘れのリスクがある、ということですね。

先生：そのとおり。さらに、注水作業をする場所で他の仕事をするこ
とも通常難しいだろう。だから、注水作業をする場を離れるこ
とにもなる。すると、水を止めることを忘れてしまう、という
困ったことが起きやすくなる。

図表３－９　中断の影響

理由２：注水・排水しているかどうかが目で見えにくい

先生：２つ目の理由は、注水・排水の状況が目で見えにくいという点
だ。溢水事故の報告書を横断的に見ていると、以下のような理
由から水が出しっぱなしになっていることに気が付きにくい状
況がある。

● 一定水位以上の水を自動排水できる構造があり、水が出しっぱなし
　になっても同じ水位が保たれるため注水が継続していることに気が
　付かない。

● 例えば、盤面にランプ等がなく、操作機器を見ても注水・排水等の
　状況が明示されない。

陽菜：お風呂の湯舟ではお湯が溢れますが、プール等の場合にはそう
ならない場合があるため、水を止め忘れた場合に発見が遅れる
のですね。

理由3：頻繁に発生する作業ではない

先生：3つ目の理由として、プールの注水作業等は、通常頻繁に実施する作業ではないことだ。このため、ミスを未然に防止するための手順が明確に定められていない場合がある。

大河：普段やらない慣れない作業なのに、ミス防止の手順が明確でなければ、感覚的に注水作業を実施してしまいそうですね。よく考えてみると、結構怖いことです。

澄人：このように考えると、未然に防止することが難しい気がしますが、どうすればよいのでしょうか。

2 対応策1：リマインダーをセットする

先生：やり忘れの防止のためには、中断しないことが理想だ。しかし、通常は難しいと思うので中断してしまうことを前提に考えてみよう。まず、非常に簡単にできることとして、リマインダーをセットすることだ。パソコンやスマートフォン等の端末で利用可能なアプリケーションには、一定時間経過後にアラームが鳴って実施すべき事項を表示してくれる機能がある。本当に初歩的だが、積極的に利用すべきだ。

陽菜：私の職場では、パソコンのアプリケーションで職員の一日の業務スケジュールを管理しています。会議の予定等も共有しているので、そこにも登録しておくとよいと思いました。

3 対応策2：目に見えるようにする

先生：次の対応策は、注水・排水の状況が目で見てわかるようにすることだ。ある地方公共団体の事例では、満水時にプールの放水

口が水面下に入ってしまうため、水が出しっぱなしでもわからなかったこと等が原因と報道されている。再発防止策として、放水口が常に水面より上になるように短くした。

図表3－10　プール溢水事故の再発防止例[40]

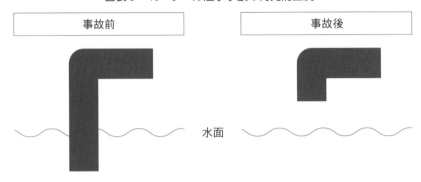

大河：なるほど、これなら水が出しっぱなしになっていることに気が付けますね。

澄人：放水口が水面に出るような改良もできず、操作機器の盤面に注水・排水の状況が表示されない場合はどうしましょうか。

先生：目に見えないものは、具体的な物体で管理するとよいと言われている。例えば、イベントで整理券を配ることがあるだろう。入場者数を管理できるし、入場資格がある人を容易に見分けることもできる。効率的でミスも少なくなる工夫だ。

澄人：溢水事故にはどのように応用すればよいのでしょうか。

先生：付箋はどうだろうか。注水中である旨と注水開始時刻と終了予定時刻を注水・排水を操作する機器そのものに貼る、職場のホワイトボード等の目立つ場所に貼る、と注水中であることを付箋で明確に表示できる。

陽菜：職場のホワイトボードに大きく注水作業の終了時刻を書いておくと、他の職員も止め忘れに気が付いてくれるかもしれないので、効果的だと思います。

4 対応策3：事前にチェックリストで確かめる

先生：次は、チェックリストを紹介しよう。チェックリストはチェックのタイミングにより使用方法が異なる。

図表3－11　チェックリストのタイミングによる分類

タイミング	チェック方法
① 作業開始前	チェックリストで作業前に重要な注意点を確認し、理解する。
② 作業中	チェックリストの順番に作業し完了した点検項目に順次チェックマークを記載する。
③ 作業後	作業実施後にチェックリストで点検し、点検項目にチェックマークを記載する。

澄人：終わってからチェックするものだと思い込んでいました。よく考えてみると、確かにチェックするタイミングがそれぞれ異なる場合がありますね。

先生：今回は、作業開始前のチェックリストを考えてみよう。夏季しか利用しないプールであれば、機械装置の操作は日常的に行っていないはずだ。初めてかもしれないし、もしやったことがあったとしてもうろ覚えだろう。このため、しなければならない点を理解できているかを作業前にチェックすることが効果的だ。具体的には、以下のような点が考えられるだろう。

図表 3 −12　注水作業前の事前確認項目の例

注意点	具体例
機械装置の操作方法	●注水作業完了後に、操作機器の表示やバルブ等は○○の状態になっていなければならない。 ●注水が止まっていることを目視等で確認しなければならない。
上席者への報告やダブルチェック等の業務管理方法	●注水作業当日は終業前に役職者○○に進捗状況を報告しなければならない。 ●注水作業開始と完了は必ず二人以上の職員で実施し、相互に点検しなければならない。 ●注水中は担当部署の執務室に「注水中：完了予定○時○分」という掲示を掲げ、取り外す前に必ず注水完了を確認しなければならない。 ●プール利用期間中は、異常な使用量が生じていないか、日々水道メーターを確かめなければならない。

大河：プールの溢水事故の例を考える時、チェックリストは作業中や事後ではなく事前にするべきですか。

先生：この場合は事前と考えるのが自然ではないかな。今回想定する溢水事故のメカニズムは、水がたまるまで一定の時間がかかる、その間に別のことをして水を止めることを失念してしまう、というものだ。②のように作業しながらチェックする、③のように事後にチェックする、という方法をとる場合、そもそもチェックリストでチェックすることも忘れてしまうかもしれない。すると、チェックリストでやり忘れを防止できないからね。

澄人：仮に、止める作業が複雑で止めたつもりだが止まっていない、ということを懸念するなら②の作業しながらチェックするチェックリスト、または③の作業後にチェックするチェックリストが有効になりますね。

先生：そのとおり。想定するリスクが水を止め忘れることではなく、

機器の操作が難しくて止めたつもりが止まっていない、という
　　内容であれば、チェックリストは②③のパターンで作成する方
　　が効果的だ。両方のリスクが想定されるなら、タイミングを分
　　けて複数のチェックリストを使う方がよいかもしれないね。

陽菜：チェックリストを事前に使うことの効果はわかります。しかし、
　　溢水事故の事例を分析すると、実施すべき手順が明確になって
　　いない場合もあるのですよね。その場合は何をチェックしてよ
　　いか、わからないのではありませんか。

先生：この場合は自分で作成する必要がある。まずは溢水事故が発生
　　しないようにするためにはどうすればよいかを考え、溢水事故
　　を未然に防止できる手順を定めることが重要だ。このためには、
　　自分で操作マニュアル等を確認して、チェックすべき点を明確
　　にする必要がある。手間がかかるけど、自分に対して損害賠償
　　がなされてしまうリスクを考えれば実施した方がよいだろう。
　　また、マニュアルを見ても理解できない点があれば、前任者や
　　保守事業者に問い合わせて正しく理解できるようにしておくと
　　よいだろう。

5 対応策4：別の職員にもチェックしてもらう

先生：最後は、注水作業が適切に完了したか別の職員にもチェックし
　　てもらうことだ。機器の操作方法や業務管理方法等がマニュア
　　ル等で明確化されていても、読み間違えたり、読み落としたり
　　する可能性はゼロではない。誰か別の職員と一緒に点検項目を
　　チェックしてもらうことで、思い込みによるミスを防止できる。

陽菜：複数の職員で実施すると忘れることも防止できそうです。

先生：そのとおり。しかし、二人で実施するルールがあるのに遵守されず、結果として溢水事故が生じてしまう場合もある。例えば、中国地方のある地方公共団体では、本来は２人１組で作業すべきところ、不慣れな職員がバルブの閉栓作業を１人で行ったことが原因とみられる溢水事故が発生している[41]。溢水事故防止のための手順なので、煩雑と思うかもしれないが必ず遵守することが重要だ。

ポイントの整理

対応策１：リマインダーをセットする
●パソコンやスマートフォンのアプリケーションを利用して、終了予定時間にリマインダーをセットする。

対応策２：目に見えるようにする
●注水・排水の状況を目で見てわかるように、設備を改修する。
●設備改修等が難しい場合には、付箋やホワイトボードを利用して作業状況を目でみてわかるようにする。
●ホワイトボードや看板に注水中である旨を掲示することで、周囲の人からも作業漏れを指摘してもらいやすくする。

対応策３：事前にチェックリストで確かめる
●機器操作方法や業務管理方法等の重要なポイントをチェックリスト化し、事前に理解すべきことに漏れがないか確かめる。
●操作手順が複雑な場合には、作業中や作業後にチェックリストを利用して適切な操作を実行したことを確かめる。

対応策４：別の職員にもチェックしてもらう
●思い込み等によるミスを防止するため、二人以上の職員で注水・排水作業を実施し、作業が適切に完了したことを相互に点検する。

コラム

よいチェックリストの条件

　良いチェックリストの条件をご存じですか。図表3-11では使うタイミングを想定しておくことがポイントであると述べました。この他に、もう一つ重要なポイントがあります。

　重要なポイントとは、一問一答で誰がチェックしても同じ結果になることです。例えば、広報用の配布物を作成し公表する前に、著作権侵害がないかをチェックリストでチェックすることを考えてみましょう。悪い例は、「著作権法に違反していないか？」という抽象的な記載です。このような記載では、範囲が広すぎて何をチェックしてよいかわかりません。新人公務員であっても、簡単にチェックできるように、引用範囲を明示しているか、出典を記載しているか等のチェックすべきポイントを明確にしましょう。

図表　チェックリストの記載例

×　悪い例	○　良い例
著作権法に違反していないか？	引用箇所は「」等で明瞭に記載されているか？ 出典を記載していない引用箇所はないか？　等

　もしかしたら、職場にある既存のチェックリストが悪い例に当てはまるかもしれません。このよう場合、先輩や上司に相談して具体的にチェックするポイントを定めてからチェックを始めましょう。そうでないと、担当者はチェック結果について無制限に責任を負うことになりかねないからです。

財源の申請漏れ、債権の時効消滅等

1 財源の申請漏れ、債権の時効消滅等のリスク

先生：うっかり何かをすることを忘れていた、ということは日常生活ではよくある。しかし、公務員の立場では許されないこともある。その具体例として、国や都道府県等に対して財源申請や補助金等精算を失念してしまったり、債権の請求を失念して時効消滅してしまったりすることで、本来は得られたはずの収入が得られなくなり、損失が生じてしまうことがある。この場合、職員個人に対して損害賠償が求められることもある。

大河：やり忘れてしまうことで得られなかった収入を自腹で補てんすることになるのですね。個人で負担できない水準だったら、と思うと不安になります。

先生：やり忘れで追加の支出が生じることもある。具体例としては税金の滞納だ。

陽菜：公的機関が税金を滞納するなんて、あり得るのですか。

先生：複数の事例があるのは職員からの源泉徴収税を法定期限までに納付することを失念することだ。この場合、たとえ地方公共団体等の公的機関であっても延滞税と不納付加算税というペナルティが課せられることがある。重過失として認められれば、職

図表 3 −13　申請・請求漏れのリスクの概要

リスク対応策のポイント

説明することで 業務を深く理解する	取組む順番を 変える	年間・月間スケジュール を作成、部署で共有する

財源申請漏れ・時効消滅等のリスク

国や都道府県等に補助金等財源交付の申請 を失念し、貰えたはずの財源がもらえない	請求を失念することで債権 が時効消滅し損失が生じる

理由 1 定期的な異動や制度改正 等があり、業務に対する 理解が深まらない	理由 2 申請期限まで時間に余 裕があると先送りして 失念してしまう	理由 3 縦割りで情報共有の機会が 少なく、他の職員からやり 忘れを指摘されにくい

員個人が損害賠償を負担することになる。

澄人：「人間なのだから誰でもミスはあるよ」といって許してもらえ
　　　ないわけですね。どうすれば防止できるのでしょうか。

先生：ケースバイケースなのだが、多くの事例に共通する理由として
　　　は以下のような点が挙げられる。

理由 1 ：定期的な異動や制度改正等で業務に対する理解が深まらない
先生：一つ目の理由として、公務員は定期的な異動があることだ。さ
　　　らに、申請手続等が必要となる事業や制度は定期的に改正され
　　　たり、変更が生じたりすることもある。このため、何を・いつ
　　　までに申請しなければならないのか、把握することは難しいの
　　　ではないだろうか。

陽菜：確かに、着任してすぐに担当業務の全体像を把握するのに時間がかかりました。全体像が理解できないと、どの業務から順番に実施すればよいかという優先順位をつけられません。締め切りが近い業務を見落としたらどうしよう、と心配になります。

大河：なるほど。ということは、まず業務の全体像を把握する必要がありますよね。そして、次に全体像の中から申請手続が遅れると収入がなくなるまたは追加支出が生じることで損失が生じるおそれのある業務を把握する必要がありますね。

先生：そのとおり。まずは、期限に遅れた場合に職場に損失を発生させてしまうおそれがあり、場合によっては個人の損害賠償につながりかねない申請手続等を把握しないといけない。

理由2：申請期限まで時間に余裕があると先送りして失念してしまう

先生：2つ目の理由は先送りだ。重要な申請期限を認識しているのに、それでも失念してしまうことがある。財源の申請等は頻繁にあるわけではなく、通常時間に余裕があると想定される。一般的に、時間に余裕があると後回しになり、他の業務に忙殺されて忘れてしまいがちになる。

陽菜：確かに、締め切りまで時間があるなら、締め切りが先にくる別の仕事に優先して取り組むと思います。

理由3：縦割りで情報共有の機会が少なく、他の職員からやり忘れを指摘されにくい

先生：もちろん職場にもよるが、公務員の仕事はそれぞれ担当業務がひとまとまりで割り当てられることが多いと思う。比較的、個人個人が自分の担当業務を処理する縦割りになりやすい職場ではないだろうか。そうすると、申請期限等のタイムスケジュー

ルも各個人で管理することになり、実施期限を注意喚起してもらいにくい。

大河：確かに、同じ職場にいる人同士であったとしても、お互いの担当業務のすべてについて詳しく知っているわけではありません。自分だけで完結する担当業務では、自分で締め切りを管理しないと他の人に気が付いてもらえないです。

2 対応策１：説明することで業務を深く理解する

先生：ここまで、申請期限等を忘れてしまう主な３つの理由を考えてきた。今度は、どうすれば対応できるかについて考えてみよう。

澄人：理由１について、特に重要な申請期限等を把握するためにはどうしたらよいでしょうか。まず、思いつくのは、マニュアルや前任者からの引継資料を見て仕事の内容を理解することです。後は、報告書や日報・日誌のような業務の記録や成果物に目を通すことです。

先生：そのとおりだと思う。しかし、ここで思い出してほしいことは、誰かに説明してみる＝アウトプットすることだ。

陽菜：資料を読みこむだけでなく説明することも大事、ということでしたね。最初に、リスク管理の仕事術として教わりました。

先生：古来、教えることが最も勉強になるという格言があるし、様々なビジネス書でも強調されている。人間は他人に説明するまで、自分の理解の浅さに気が付かない傾向があるといわれている。だから、読むだけでわかった気になってしまう。これを避けるためには他人に説明すること、つまりアウトプットすることだ。

澄人：でも誰に説明すればいいのでしょうか。

先生：重要な申請期限は年間スケジュールにまとめて整理してみよう。次に、上司や先輩にこのようなスケジュールで取り組みたいと考えているが、問題ないか聞いてみるとよい。説明にもなるし、気が付かない点を教えてもらえるかもしれない。

大河：上司や先輩の他にも、前任者に聞いてみることも一案ですね。実際にやったことがあるから、スケジュールの見通しもより正確なはずです。

先生：他にも、最初から引継資料案を作成してみるという方法もある。次の担当者に説明するつもりで作成すると、自分の理解していない点も浮き彫りになる。すでにしっかりした引継資料が存在するなら、書き込みしていくのでもよいだろう。

大河：自分がもし上司だったら、重要なポイントを十分に理解しているか、新人に対して質問して確認すると思います。

先生：いい視点だね。ある公的機関では、人事異動の際には上司が引継資料をチェックすることがルール化されているところがある。新任者の理解を確認しているかまではわからないけど、上司や先輩が質問すると、説明する必要が生じるよね。すると、思い込みによる誤った理解を解消できる可能性が高くなる。質問される側が圧迫感を感じないように注意する必要はあるけど、質問というのは有効だと思うよ。

陽菜：引継資料には、忘れると大変なことになる締め切りは一覧化して書いておいてほしいと思いました。

先生：まさにそのとおりだね。近い考え方として、内部統制というリスク・マネジメントの取組みで先行する地方公共団体では、引継時にリスクを記載しておくことを定めている事例[42]がある。締め切りに限らず、リスクが高い業務はリスクの内容と注意点を記載してもらえると後任の人はとても助かるよね。

3 対応策2：取り組む順番を変える

陽菜：理由2の後回しについてはどうすればよいのでしょうか。

先生：突然だが、銀行のATMを思い出してほしい。多くの場合、現金はキャッシュカードを抜いた後に出てくる仕組みであることを知っていたかい？

澄人：ATMの現金が出てくる順番ですか。気が付かなかったです。

先生：「現金が先に出てしまうと、その時点で客が帰ってしまい、カードや通帳を取り忘れてしまう[43]」という理由だそうだ。ちょっとした順番の工夫でミスを防止できる、というのが面白い。

大河：メール添付を忘れないようにするには、先に添付するのがコツ、というテクニックも同じですね。

先生：そのとおり。要するに、リスクの高さに着目して処理する順番を考えるということだ。リスクが高いものは優先順位が高いものとみなし、後回しにせず先に実施するとよい。

陽菜：それはわかります。しかし、補助金等の申請を忘れないようにすることを考えたとき、申請時期が決まっていて、私たちの都合で先に実施できないのではありませんか。

先生：例えば、補助金等の申請期限の少し前の時期に、あらかじめ補助金等申請書類を確認する打ち合わせの予定をセットしてしまうという方法はどうだろうか。複数の人が参加する会議を予定しておけば、さすがに全員が失念することはないと思う。最近ではパソコンのアプリケーション等で予定表を共有することも多い。このため、少し先のことでも関係者の予定を確保しておくこともできるはず。資料の準備等をしてから会議をセットしているなら、順番を変えて先に会議をセットしたらよいと思う。

4 対応策3：職場で年間・月間スケジュールを共有する

澄人：理由3の縦割りで職場のメンバーが相互に注意喚起することが難しいことについては、何か対策があるのでしょうか。

先生：まず年間スケジュールを作成して職場で共有することだと思う。あらかじめ重要な締め切りをまとめて年間スケジュールを作成し、上司や先輩に説明しておくと、上司や先輩も監督がしやすくなる。

陽菜：私の職場では、大きなホワイトボードで毎月の予定表を作成しています。カレンダーとして、日付を確認したいときに頻繁に目をやるので、そこに書いてあると安心です。

先生：ある地方公共団体の事例で、執務室の壁面にカレンダーを貼って日別にやることを記載し、両面で色の異なるマグネットの裏表を利用して業務の進捗を管理する取組み[44]がある。こうしておくと、重要な締め切りについての情報共有がしやすくなるよね。

大河：年間スケジュールを貼りだすスペースは職場にはないのですが、

月間スケジュールなら可能です。自分で年間スケジュールを作成し、毎月その月の重要な締め切りをホワイトボードに書き出しておくようにしたいと思います。

澄人：初歩的ですがパソコンやスマートフォンのアプリケーションで、あらかじめリマインダーをセットすることもよいと思います。

ポイントの整理

対応策1：説明することで業務を深く理解する

●期限までに実施できない場合に職場に損失が発生してしまうおそれのある申請手続等をリストアップする。

●引継資料やマニュアルを読み込むだけでなく、アウトプットすることも重要。説明することで自分の理解していない部分がわかり、理解が深まる。

対応策2：取り組む順番を変える

●時間的に余裕があっても期限が遵守できない場合の影響が大きい業務はリスクが高いため、優先して取り組む。

●申請手続等に関連した会議等があれば、先に日程を決めておくと思い出す機会になる。

対応策3：職場で年間・月間スケジュールを共有する

●年間スケジュールを作成し、上司や先輩に説明して重要な申請期限等の情報を共有することで、上司や先輩が監督しやすくする。

●職場のホワイトボード等を利用して、頻繁に目にする目立つ位置に申請期限等を書き込んでおく。

情報セキュリティ（個人情報漏洩）

1 大量の個人情報データ等が流出するリスク

先生：今回は機密情報の漏洩に関するリスクを考えてみよう。例えば、個人情報が外部に漏洩した場合、犯罪に悪用されて関係者に被害を及ぼす場合がある。だから、重要な機密情報は漏洩防止のために様々な対策が講じられている。これらの対策は、情報セキュリティ規程等で定められている。

陽菜：情報セキュリティ規程等のルールは新人研修で教わりました。定期的に研修が実施されるので、職員は基本的に全員理解していると思います。

先生：確かに、情報セキュリティに関する意識は高まっているかもしれないが、それでもまだ事故・事件が起きている。公表されている事例を通じて、私は以下のような理由があると考えている。

情報セキュリティ規程等が遵守されない理由
① 大量の情報漏洩を招きかねない高いリスクが実感しにくい
② 情報セキュリティ規程等の遵守に煩雑さを感じる
③ 前任者も遵守していなかった、または周囲に遵守しない人がいる

大河：リスクが実感しにくいという①はわかる気がします。報道で個人情報流出事例を見ますが、つい自分の身には起きないと考え

3−14　情報セキュリティのリスクの概要

```
┌─────────────────────────────────────────────────┐
│              リスク対応策のポイント                    │
│  ┌──────────────┐ ┌──────────────┐ ┌──────────────┐ │
│  │ ID・パスワード管理 │ │  データの暗号化  │ │ 端末・媒体等の管理 │ │
│  └──────────────┘ └──────────────┘ └──────────────┘ │
└─────────────────────────────────────────────────┘
```

```
┌─────────────────────────────────────────────────┐
│                  機密情報の漏洩                      │
│  ┌──────────────────┐   ┌──────────────────┐     │
│  │  大量の個人情報等が入った  │   │  外部からのサイバー攻撃で  │     │
│  │    電子媒体を紛失する    │   │   個人情報等が流出する   │     │
│  └──────────────────┘   └──────────────────┘     │
└─────────────────────────────────────────────────┘
```

```
┌─────────────────────────────────────────────────┐
│                  機密情報の漏洩                      │
│  ┌───────────┐ ┌───────────┐ ┌───────────┐       │
│  │情報システムのユー│ │定められたデータ暗号│ │大量の電子データを│     │
│  │ザーID・パスワード│ │化(パスワード設定)が│ │定められた手順に │     │
│  │を職場で共有したり、│ │なされていない  │ │従わずに運搬する │     │
│  │使いまわしたりする│ │           │ │          │     │
│  └───────────┘ └───────────┘ └───────────┘       │
│       ▲             ▲             ▲            │
│  ・大量の情報漏洩を招きかねない高いリスクが実感しにくい        │
│  ・情報セキュリティ規程等の遵守に煩雑さを感じる            │
│  ・前任者も遵守していなかった、または周囲に遵守しない人がいる    │
└─────────────────────────────────────────────────┘
```

てしまいがちです。

澄人：煩雑でついパスワード設定をさぼってしまうという②も現場で
　　　はありがちです。

先生：③のように前任者がやっていなかったという前例踏襲、周囲の
　　　人もやっていないという周りに流されることも心配だ。情報セ
　　　キュリティは世間の常識で、遵守していなかったら批判されて
　　　しまう。周囲に流されずに判断してほしい。このためには、情
　　　報セキュリティの重要性に関して有名な事例を知っておくとよ
　　　いと思う。図表3−15を見ながら、対応策と合わせて紹介しよ

う。

図表3−15　情報セキュリティに関する教訓的事例

事例	概要	教訓
事例1 2012年 11月 地方公共 団体	職員が閲覧制限付の個人情報を十分に確認せず第三者の電話照会に回答、その結果、犯罪被害が発生した事例。個人情報を管理する情報システムのIDが規則に反して共有状態であり、回答した職員が誰か等の事実確認に支障が生じた。	情報システムのIDとパスワードを共有したり、使いまわしたりすることの危険性。
事例2 2015年 5月 公的機関	コンピューターウィルスにより、125万件の個人情報が外部に流出した事例。流出したファイルの一部に規程上必要なパスワードが設定されていない等の問題があった。	万が一の情報流出に備えたパスワード設定の重要性。
事例3 2022年 9月 地方公共 団体	委託先社員が全市民に関する個人情報データが入ったUSBを一時紛失した事例。用務先で業務完了後に速やかにデータを削除しなかったこと、速やかに帰社せず飲食店に立ち寄り食事や飲酒をしたこと、鍵のないカバンで運搬した等の問題があった。	個人情報が含まれる電子媒体を運搬する際のルールの遵守の重要性。

2 対応策1：ID・パスワード管理

先生：事例1では電話による第三者からの照会に回答してしまったことで個人情報が流出した事例だ。もちろん、電話では照会者の身元を十分に確認できないので、慎重な対応が必要であったということが第一の教訓といえる。その点に加えて、ID・パスワードの個人別管理が徹底されていなかったことも問題だった。誰が回答したのか等、迅速な事実確認に支障が生じることになってしまった。本来、情報セキュリティの考え方では、1ユーザーにつき1ID・パスワードが原則だから、他の職員にユーザー ID を使わせてはならない。また、前任者のID・パスワードを使いまわしたりしてはいけない。もしも、共有したり使いまわしたりすると、別の職員に悪用されたりするおそれが

ある。また、自分がやっていないミスまで自分のせいにされてしまうかもしれない。

陽菜：確かに、ID・パスワードの共有や使いまわしは怖いですね。ID・パスワードを個人で管理して共有しない、他者に容易に推測できるパスワードを設定しない、等のルールの重要性がわかりました。

大河：情報セキュリティ規程では、パスワードは一定の桁数以上で一定種類以上の英数字を含めるルールになっています。この条件が守られていないケースもあると聞きます。

先生：パスワードは桁数等が少ないと覚えやすいのだが、その反面推測されやすくなってしまう。情報セキュリティ規程では十分な強度のパスワードを設定できるように、一定の条件が定められている。多くの情報システムでは、そもそも情報セキュリティ規程の条件を満たさないパスワードは設定できないようにプログラムされていると思う。最近では少なくなっているはずだが、まだ少ない桁数でも設定できてしまう情報システムもあるかもしれない。情報システムで制御されていない場合に備えて、情報セキュリティ規程のパスワード設定ルールを自分でも確認しておく必要があるよ。

3 対応策2：データの暗号化

先生：事例2では、インターネットにアクセス可能な領域に止む無く個人情報データを保存する場合にパスワード設定等が必要であったところ、遵守されていなかった。これは外部からのサイバー攻撃を想定したものであったが、実際に発生するまで職員は必要性を感じていなかったのだろう。サイバー攻撃は現実に

発生しうることなので、このような事態への対応策として定められたルールを遵守してほしい。

大河：パスワードの設定は煩雑だけど、必要な場合は必ず設定するようにします。

4 対応策3：端末・媒体等の管理

先生：事例3では、委託先の問題ではあるのだが、大量の個人情報が入った電子媒体の管理が不適切であった事例だ。特に、運搬が容易な大きさで大量の個人情報を記録できる USB メモリーはなくしやすい上になくした場合の影響が大きい。基本的には個人情報を USB で持ち運びしないことが無難だが、やむを得ない場合は情報セキュリティ規程等をよく読んで求められる手順に従う必要がある。一般的には、施錠可能な運搬容器で持ち運ぶ、紛失時の事実確認が容易にできるように内容や運搬先等の記録を残す、直行直帰で寄り道しない、完了後に速やかに削除する等が定められているだろう。

大河：職場の人と仕事帰りに飲んで帰ることは度々あります。個人情報を持ち歩かないことを徹底します。

陽菜：私の職場ではノートパソコンが1人1台割り当てられています。盗難防止のためにセキュリティ・チェーンで机につないであって、鍵がないと持ち去れないようにしています。

先生：ノートパソコンをセキュリティ・チェーンで固定すること以外にも、個人情報が含まれる電子媒体を鍵のかかるキャビネットで保管する等の定めがあると思う。市庁舎には外部からの来客もあるだろうから、普段の職場での媒体管理にも注意する必要

があるね。

ポイントの整理

対応策1：ID・パスワード管理

●1ユーザーにつき、1ID・パスワードの原則を徹底する。ID・パスワードを共有しない。

●前任者から引き継いだ場合、前任者の使用していたID・パスワードを使いまわさない。

●第三者が容易に推測できるパスワードを設定しない。

対応策2：データの暗号化

●インターネット接続可能な端末や保存領域には外部からのサイバー攻撃で情報漏洩のリスクがある。止む無くこれらの領域に個人情報を含むデータを保存する場合には情報セキュリティ規程で求められるパスワードの設定等を実施し、業務完了後には速やかに削除する。

●物理媒体等による運搬等、情報セキュリティ規程でパスワード設定が求められる場合を確認し、遵守する。

●パスワードは十分な強度が保てるように、情報セキュリティ規程で求められる桁数等の条件で設定する。

対応策3：端末・媒体等の管理

●USB等で個人情報データを運搬する場合には、施錠可能な運搬容器で持ち運ぶ、紛失時の事実確認が容易にできるように内容や運搬先等の記録を残す。

●USB等で個人情報データを運搬する場合には、用務先での業務完了後速やかに帰庁する、寄り道しない。

●業務完了後に個人情報データを速やかに削除する。

●普段の職場で利用するノートパソコンやその他の電子媒体についても、施錠管理等を行う。

履行検査での
不備の見落とし

1 履行検査の際に適時に不備を発見できないリスク

先生：今度は履行検査の重要性を解説しよう。日常業務で物品を発注することはよくあるのではないかと思う。発注した物品が納品された場合、定められたルールに従って発注したとおりに履行されたことを検査する必要がある。この検査は組織によって呼び方が異なると思うが、今回は履行検査と呼ぶことにしたい。

陽菜：発注した内容と数量があっていることを確認して、納品書に押印したり、サインしたりすることですよね。

先生：そのとおり。さらに、一定金額以上の発注の場合、検査調書と呼ばれる書類を作成する。これは、検査者の氏名、検査日時、検査結果等を文書にすることで、より厳密に履行検査の記録を残すものだ。

大河：発注したものが納品されたかどうか、確認するのは普通のことですよね。どのようなリスクがあるのですか。

先生：履行検査は、相手方から約束した物品やサービスの提供を受けた時に、その内容や数量が約束どおり適正に履行されたことを確かめることで、対価の支払いに問題がないことを確認することなのだよ。万が一、履行検査で不備を見つけられず対価を支

図表 3 −16　履行検査でのリスクの概要

リスク対応策のポイント		
原則どおり数量・規格等の一致を全て確認する	専門性を持つ者に同席してもらう	不正防止の工夫をする

⬆

検収時に納品物の不備を見落とす	
納品物の不備に気が付かないうちに事業者が倒産、支出した金額に見合う納品物が得られず損失が生じる	預け金等の不適正経理により架空経費の計上を適時に発見できない

⬆ ⬆ ⬆

理由 1	理由 2	理由 3
複数箇所への同時納品や納品遅延等のイレギュラーな場合がある	仕様書の要求する規格等の内容が専門的で一般職員にわかりにくい場合がある	預け金等の不適正経理の一環で、意図的な偽装が行われることがある

払ってしまったとしよう。後から不備が見つかっても、相手方がすでに倒産する等の状況になっていた場合、何も補償してもらえないかもしれない。実際、履行検査で未納品を適時に認識できずにいるうちに事業者が倒産してしまった事例がある。結果的に未納品が納品されることはなく、未納品相当額の損失が発生して関係職員に損害賠償が求められることになった。

澄人：なるほど、だから履行検査時に不備を見つけないと取り返しがつかないことになるのですね。

先生：そのとおり。例えば、発注した数量が不足している、発注したものと違うものが納品された、不良品がある、等の不備が考えられるね。

陽菜：履行検査のリスクはわかりましたが、発注した内容と納品物の一致の確認を怠らなければよい、ということですよね。単純なことのように思いますが、なぜ徹底できないのですか。

先生：よくあるのは次のような理由だ。

履行検査で不備が見落とされる理由
●理由１：複数箇所への同時納品や納品遅延等のイレギュラーな場合がある
●理由２：仕様書の要求する規格等の内容が専門的で一般職員にわかりにくい場合がある
●理由３：預け金等の不適正経理の一環で、意図的な偽装が行われることがある

2 対応策１：例外的な事態でも原則どおりに対応する

先生：理由１について考えてみよう。例えば、複数の施設に同時に納品してもらうような場合、担当者が一人ですべての施設の納品状況を確認できないかもしれない。このような場合、事業者から「他の施設の履行も完了しました、大丈夫です」と言われて、つい鵜呑みにしてしまうかもしれない。

澄人：つい手抜きしてしまいそうになりますが、手抜きの誘惑に負けず原則どおりに実施する必要があるのですね。

先生：そのとおり。納品場所が複数の場合でも必ずすべての納品が完了したことを確認する必要がある。多い場合は他の職員にも手伝ってもらう必要があるだろう。

澄人：例えば、職場から離れた施設の修繕を発注した場合、現地で完

了を確認すべきですよね。

先生：そのとおり。修繕工事は契約書や仕様書で実施する内容が明確になっているはず。実際にそのとおりになっていることを現地で確かめる必要がある。

陽菜：予算は各事業年度末までに執行する必要がありますよね。年度末の納品が遅延してしまうと、年度内に予算を執行できないかもしれません。次の年度に予算があるとは限らないので、業務に支障が生じるかもしれないので不安です。

先生：その点は多くの公務員が心配するところだろう。このため、実際には納品していないのに納品したことにしてしまう心理的なプレッシャーが生じる。とりあえず、書類上は納品済としておこう、後からこっそり納品してもらえば大丈夫、という意識が働いてしまうのだろう。しかし、万が一事業者が倒産する等で履行されなかった場合には重大な損失が発生してしまうかもしれない。また、自分が急な人事異動になった際には後任への引継ぎ時に発覚して問題となるかもしれない。

大河：例外的な事態になっても原則どおりに対応しなければならないということですね。

先生：そのとおり。さらに、例外的な事態にならないようにすることも重要だよ。

澄人：例えば、どのような対策が考えられるのですか。

先生：まず、年度末ギリギリのタイミングでの履行を避けることが望ましい。可能な限り、予裕をもって納品できるスケジュールで

発注するようにしたい。

陽菜：財政部局からは、早期の計画的予算執行に関するお知らせがよく来ています。こういったトラブル防止のためにも重要だったのですね。

先生：次に、事業者の履行能力も重要だ。履行能力は技術的な面だけでなく財務的な面がある。要するに、発注した後に履行できずに倒産してしまわないかどうか、という観点だ。

大河：なるほど。確かにそうですね。例えば、入札参加資格には等級がありますよね。規模の大きく財務的安定性が高い事業者ほど等級が高いですね。

先生：そのとおり。金額が高額になる入札事案では、事業者の業務遂行能力の一つとして財務的安定性も考慮するのが一般的だ。通常、金額が高い入札案件ほど、重大な事故や不正が生じた場合に発生する損失は大きくなる。だから、事業者が高いスキルや実績を持っているか等に加えて、不測の事態に耐えられる十分な財務的安定性があるか、という視点も重要になる。発注事務を担当する部署で別途点検してくれているかもしれないが、一般的な注意点の例を挙げておこう。

●過去の取引実績
●他市町村等での債務不履行や指名停止等
●税金の滞納
●不祥事による多額の損害賠償等の報道
●決算書が公表されている場合は財務状況（継続的な赤字や債務超過の有無）

3 対応策2：専門性を持つ者に同席してもらう

陽菜：理由2はわかる気がします。私は公立学校の事務室で庶務をしています。理科室に納品される器具や薬品等の中には、発注した注文書と現物との対応関係が良くわからない場合があります。

先生：そういった場合には、なんとなく合っているから大丈夫だろう、と思い込みで処理しないことが大事だよ。物品に限らないけれど、専門性の高い内容の発注に関しては、履行検査の際に詳しい知識のある職員に同席してもらい、問題ないことを確認する必要がある。

大河：専門家に同席してもらう、ということですね。

先生：そのとおりで、場合によっては職員に限らず適切な専門家に依頼すべき場合も想定される。地方自治法施行令167条の15第4項では「特に専門的な知識又は技能を必要とすることその他の理由により当該普通地方公共団体の職員によって監督又は検査を行なうことが困難であり、又は適当でないと認められるときは、当該普通地方公共団体の職員以外の者に委託して当該監督又は検査を行なわせることができる。」という定めがある。

澄人：知ったかぶりをせず、わからないことは素直に認めることが重要ですね。

4 対応策3：不正防止の工夫をする

先生：履行検査にリスクがあることの最後の理由は、架空の納品が意図的になされる場合があることだ。つまり、騙されてしまうかもしれないということだよ。

澄人：実際には納品されていないのに、相手方が納品した振りをして騙そうとする、ということですか。

先生：そのとおり。架空経費の計上が不適正経理の手段として使われるためだ。良く知られている例では、「預け」といって、本来は納品していないのに納品したことにして、その対価を支出し契約相手に預けておく、というものだ。予算外で誰もチェックしないお金を捻出することができる。

大河：捻出したお金はどうするのですか。

先生：担当業務の財源に充てる場合もあるが、私的に流用される場合もある。いずれにせよ、やってはいけないことだ。

澄人：発注する公的機関の職員と契約相手の事業者が結託しているのですか。

先生：そのとおり。もちろん、ここにいる3人はそんなことはしないと思っているよ。しかし、履行検査は複数の職員で実施するルールとなっている場合、自分が関与しない発注に関する履行検査に立ち会うこともあるだろう。その際に、相手方がみんなを意図的に欺く可能性があることは知っておくべきだと思う。

大河：どのようにして騙そうとするのですか。

先生：これは本当にケースバイケースなのだが、例えば以下のような方法がある。
●空のパッケージ：中身が入っていない空のパッケージを見せられる。
●持ち帰り：担当部署の執務室まで運んでおく等の虚偽の理由を述べた上で事業者が履行検査後に持ち帰ってしまう。

●以前に納品した物品を見せる：以前にすでに納品されている物品を共謀する職員から受領し、履行検査の際に見せる。

●写真の偽造：修繕等の完了報告の際に、別の場所の写真を見せたりして実態があるかのように装う。

陽菜：巧妙に偽装されるとわからないかもしれないけれど、空のパッケージくらいは気が付かないといけない気がします。

先生：明らかに不審な点があるのに履行検査で問題なしと結論付けた場合、責任を問われることになるかもしれない。疑問に思う点があれば、遠慮せずに質問することが重要だね。

5 履行検査時に意識すべき不適正経理の類型

先生：履行検査時には不適正経理の可能性に注意する必要がある。不適正経理には「預け」以外にもいくつかのパターンがある。ここで紹介しておきたい。図表3−17を見てほしい。なお、図表3−17では原文とおりに「需用費」としているが、「需用費」を経費等の支払全般と読替えればわかりやすいだろう。

大河：なるほど。いずれも、虚偽の納品がある点が共通しますね。

先生：そのとおり。これらの不適正経理に対して履行検査を徹底することは非常に有効だ。履行検査は架空経費計上を防止する重要な役割を果たしている。

陽菜：不正に巻き込まれないようにするためにも、原則どおりに履行検査を徹底するようにします。

図表3−17　会計検査院による不適正経理の類型[45]

預け	業者に架空取引を指示するなどして、契約した物品が納入されていないのに納入されたとする虚偽の内容の関係書類を作成することなどにより需用費を支払い、当該支払金を業者に預け金として保有させて、後日、これを利用して契約した物品とは異なる物品を納入させるなどしていたもの
一括払	支出負担行為等の正規の経理処理を行わないまま、随時、業者に物品を納入させた上で、後日、納入された物品とは異なる物品の請求書等を提出させて、これらの物品が納入されたとする虚偽の内容の関係書類を作成することなどにより需用費を一括して支払うなどしていたもの
差替え	業者に虚偽の請求書等を提出させて、契約した物品が納入されていないのに納入されたとする虚偽の内容の関係書類を作成することなどにより需用費を支払い、実際には契約した物品とは異なる物品に差し替えて納入させていたもの
翌年度納入	物品が翌年度以降に納入されているのに、支出命令書等の書類に実際の納品日より前の日付を検収日として記載することなどにより、物品が現年度に納入されたこととして需用費を支払っていたもの
前年度納入	物品が前年度以前に納入されていたのに、支出命令書等の書類に実際の納品日より後の日付を検収日として記載することなどにより、物品が現年度に納入されたこととして需用費を支払っていたもの

ポイントの整理

対応策1：例外的な事態でも原則どおりに対応する

●複数箇所での納品や一部の納品遅延等のイレギュラーな場合でも、発注内容と数量は必ずすべて確認する。

●納品箇所が多い場合には他の職員に応援を頼む。

●遅延トラブル防止のため、年度末ギリギリのタイミングでの履行を避ける。可能な限り、余裕のあるスケジュールで発注する。

●倒産等による債務不履行のおそれがないか、発注相手の経営状態を確認する。

対応策2：専門性を持つ者に同席してもらう

●専門性がある納品物で理解できない部分がある場合、たぶん大丈夫

だろうと楽観せず、専門知識がある者に同席してもらう。

対応策3：不正防止の工夫をする
●一般的な架空経費計上の手口を理解し、不審な点がある場合には必ず質問して問題ないことを確かめる。

コラム

監査を通じたリスクへの気づき

　みなさんは担当業務に関して監査や検査を受けたことがありますか。公的機関では、様々な監査が行われます。地方公共団体では、監査委員監査や包括外部監査等の監査があります。また、会計検査院や補助金等を交付する主務官庁から検査を受けることもあるでしょう。公金の管理状況について出納部局が、法令遵守に関してコンプライアンス担当部局が庁内で横断的に業務をチェックしているかもしれません。

　監査を楽しいと思う人はいないでしょうから、普通は「面倒だな」、「いやだな」と思うことでしょう。しかし、監査・検査には自分では気が付かない思わぬリスクを教えてくれることがあります。なぜなら、監査がリスクを現実化させない取組の一環だからです。監査をする人は、実際に発生した事務処理ミスや不祥事等の事例を研究して監査すべきポイントを定めます。そして、重要なリスクに対する事前の備えを点検しているのです。このため、内外の過去のリスク事例を良く知っています。また、様々な部署や組織を監査・検査するため、リスク対応策のバリエーションも豊富に知っています。

　もしも、監査・検査の機会があれば、監査の担当者により良いリスク対応策がないか、相談してみてはいかがでしょうか。自分の知らない世界を知る機会になり、リスクを察知する範囲を広げてくれるかもしれません。

探り行為による
機密情報漏洩

1 予定価格等の機密情報を漏らしてしまうリスク

先生：今度は予定価格等の機密情報を漏らしてしまうリスクを考えて
みよう。入札や契約に関する情報は公正を保つために厳格に管
理されている。このような情報を漏らすことは法律で禁止され
ている。万が一機密情報を漏らした場合には、聞き出した事業
者だけでなく漏らした職員に対しても高額の損害賠償が請求さ
れることがある。

澄人：ここでいう損害とは何ですか。

先生：予定価格等の機密情報が事前に知られてしまうと、公正な入札
を実施できず、本来の価格より高い価格で物品やサービスを購
入することになる。公正な入札ができた場合と比較してより高
い金額を支払う事態となってしまったことが認められれば、そ
の差額は損害と考えられる。この損害賠償は数千万円を超える
こともある。

大河：そんなに高額になるのですね。知りませんでした。

先生：意外と知られていないのかもしれないね。入札する事案の規模
が大きいほど、公正な入札ができた場合とできなかった場合の
差額が大きくなるので、損害賠償金額も大きくなってしまう。

図表 3 −18　機密情報に関するリスクの概要

リスク対応策のポイント

| 関係法令や情報管理規則の理解を深める | 一定の距離間を保ち、節度を持った関係を維持 | ひとりで抱えず、上司や関係部署に相談 |

予定価格等の機密情報漏洩
事業者からの探り行為に応じて、教えてはならない予定価格等の
機密情報を漏らしてしまう

| 理由1 | 理由2 | 理由3 |
| 予定価格等の機密情報は、不当に高い利益を応札する事業者にもたらす | 事業者やOBとの人間関係を壊したくない、という気持ちが誰にでもある | 入札が成立しないと自分の担当業務に支障が生じる |

陽菜：私は、もちろん秘密にするように心がけています。他の職員も
　　　違法とわかっていて機密情報を漏らすことはないと思います。

先生：ところが、その秘密を守ることがなかなか難しいのだよ。その
　　　理由は主に3つあるが、一言でまとめると善意が邪魔する、と
　　　いうことだ。

理由1：事業者からの探り行為

先生：まず、予定価格等の機密情報は事業者にとって不当に高い利益
　　　をもたらすということだ。知っていると得する情報だから、入
　　　札参加者は積極的に調べようとする。直接的に質問されること
　　　もあるし、誘導尋問のように間接的に探ろうとすることもある。
　　　ここでは、このように機密情報を聞き出そうとする行為を探り
　　　行為と呼ぶことにしよう。

大河：誘導尋問に引っ掛かってしまうのは怖いですね。事業者と接触

する際には無意識にしゃべってしまわないように発言に注意します。

理由2：事業者や OB との人間関係を壊したくない気持ち

先生：2つ目の理由は人情だ。委託事業等で事業者と一緒に働く機会もあるだろう。徐々に人間関係が形成されると人情が湧く。また、事業者に OB が在籍している場合がある。もしもその OB との人間関係が深ければ、機密情報を教えて欲しいと言われた際に断りにくい気持ちになってしまうだろう。

澄人：なるほど、事業者も積極的に質問してくる上に、人情が邪魔して毅然とした態度がとりにくい、ということですね。

理由3：自分の担当業務に対する強い責任感

先生：3つ目の理由は責任感だ。入札を実施したとしても、必ずしも事業者が手を挙げてくれるとは限らない。もしも事業者が1社も見つからなかった場合は担当業務が遅延する等重大な影響を及ぼすおそれがある。

澄人：確かに、それは職員にとって強いプレッシャーになりますね。

先生：プレスリリースで大々的にアピールしている事業は住民からも注目される。このような事業の担当者は事業の進捗に強くプレッシャーを感じるだろう。そうした気持ちが裏目に出ると、機密情報を守る意識が薄れてしまう。

陽菜：なるほど、確かに機密情報を守ることは意外に難しいのですね。では、どうすればよいのでしょうか。

2 対応策１：関係法令と情報管理規則の理解を深める

先生：まずは、関係法令や規則の理解を深めることが前提となる。コンプライアンス研修等を通じて何度も説明を受けているかもしれないが、最初に禁止される予定価格等の機密情報の漏洩とは何か、法律の条文を確認しよう。

入札談合等関与行為の排除及び防止並びに職員による入札等の公正を害すべき行為の処罰に関する法律　第２条第５項３号

> 入札又は契約に関する情報のうち特定の事業者又は事業者団体が知ることによりこれらの者が入札談合等を行うことが容易となる情報であって秘密として管理されているものを、特定の者に対して教示し、又は示唆すること。

予定価格等の機密情報を漏洩する行為の具体例[46]
- ●本来公開していない予定価格を漏えいすること。
- ●本来公開していない指名業者の名称、総合評価落札方式における入札参加業者の技術評価点等、あるいはその入札を実施することを予定している事務所等の名称等を漏洩すること。
- ●事業者から示された積算金額に対し、予定価格が当該積算金額に比して高額（又は低額）であることを教示すること。

大河：直接的に金額を教えるだけでなく、高いか低いか等を答えるだけでも漏洩に当たるのですね。知らないうちに機密情報を漏洩させてしまうかもしれません。何が漏洩に当たるかを正確に理解しないといけない理由がわかりました。

先生：次は機密情報漏洩を防止するためのルールを理解して遵守することだ。このようなルールは煩雑に感じるかもしれないが、結

果として職員を守ることにもなる。公的機関によっては異なる
扱いがありうるが、おおむね以下のような取組みは共通してな
されているだろう。

● 予定価格等の機密情報が含まれる文書や媒体は施錠管理する。
● パソコンで機密情報に関する作業を行う場合は、離席時にパソコン
　の画面をロックする。またはのぞき見防止フィルターを利用する。
● 機密情報を含む電子データはアクセス制限する（関係者以外がアクセ
　ス可能な共有フォルダに格納しない）。
● 執務スペースに外部の人間を立ち入らせない。外部の人間と職員が
　見分けられるように職員証等を常時身に付ける。
● 事業者との打ち合わせは来客用の会議室等を利用し、執務スペース
　に立ち入らせない。
● 部外者が立ち入る可能性のあるロビーやエレベーター等では機密情
　報に関する会話を控える。

陽菜：これらの細かいルールが煩雑に思えましたが、改めて考えてみ
　　　ると大事ですね。

先生：理由がわかるとルールが何を守ろうとしているかが見えてくる
　　　と思う。以上の例示に限らず、ルールが煩雑に思えたらその背
　　　景を調べてみることが重要だよ。

3　対応策2：節度を持った関係を維持する

先生：次は適度な人間関係を保つことだ。この観点からも、すでに
　　　様々なルールが設定されていると思うが、改めて一般的な対応
　　　策を挙げてみよう。

● 所属する組織の倫理規程等で定められた事業者との間で禁止される

関係を持たない。
- 事業者との打ち合わせは、勤務時間中に外から見えるオープンスペースで複数の職員により対応する。
- 現場監督等のために移動する際には、事業者の手配する車への同乗を避ける。

大河：過度な人情を持たないように、接触する機会を必要最低限にするということですね。

先生：そのとおり。特に、自分が所属する組織が定める事業者との間で禁止される行為が何か、よく理解しておいてほしい。事業者から禁止行為の働きかけを受けた場合に、「ルール上できない」とビジネスライクに説明できれば、事業者に対して毅然とした態度を示しやすいと思う。

澄人：禁止される行為にはどのようなものがありますか。

先生：国家公務員倫理法の定めによる国家公務員倫理規程に具体的な定めがあるので参照してほしい。国家公務員と書いてあるけれど、地方公務員もこれに準じた定めが何かしら存在しているだろう。というのも、地方公共団体についても、国家公務員倫理法43条により「この法律の規定に基づく国及び行政執行法人の施策に準じて、地方公務員の職務に係る倫理の保持のために必要な施策を講ずるよう努めなければならない。」とされているからだ。

平成12年政令第101号 国家公務員倫理規程（抜粋）

（禁止行為）

第三条　職員は、次に掲げる行為を行ってはならない。

一　利害関係者から金銭、物品又は不動産の贈与（せん別、祝儀、香

典又は供花その他これらに類するものとしてされるものを含む。）を受ける
　　こと。
二　利害関係者から金銭の貸付け（業として行われる金銭の貸付けにあっ
　　ては、無利子のもの又は利子の利率が著しく低いものに限る。）を受ける
　　こと。
三　利害関係者から又は利害関係者の負担により、無償で物品又は
　　不動産の貸付けを受けること。
四　利害関係者から又は利害関係者の負担により、無償で役務の提
　　供を受けること。
五　利害関係者から未公開株式（金融商品取引法（昭和二十三年法律第
　　二十五号）第二条第十六項に規定する金融商品取引所に上場され
　　ておらず、かつ、同法第六十七条の十一第一項の店頭売買有価証
　　券登録原簿に登録されていない株式をいう。）を譲り受けること。
六　利害関係者から供応接待を受けること。
七　利害関係者と共に遊技又はゴルフをすること。
八　利害関係者と共に旅行（公務のための旅行を除く。）をすること。
九　利害関係者をして、第三者に対し前各号に掲げる行為をさせる
　　こと。

4　対応策3：ひとりで抱え込まない

先生：3つ目の対応策はひとりで抱え込まないということだ。予定価
　　　　格等の機密情報漏洩のよくある原因の一つに、コミュニケー
　　　　ションの不足がある。周囲との接触が少なかったり、業務が属
　　　　人的であったりすると、事業者との関係に悩んでも相談できず、
　　　　情報漏洩の原因となるためだ。

澄人：少しわかる気がします。担当業務で悩んだ時に、上司や先輩か
　　　　ら業務上のフォローを十分に受けられないと不安になりますよ
　　　　ね。もしも委託事業者がベテランで担当業務に精通していたら、

事業者に過度に依存してしまいそうです。

澄人：わからないことや判断に迷うことがあれば、ひとりで抱え込まないで上司や先輩、同僚に相談すべきですね。

陽菜：報道を見ていると、上司からの指示で機密情報を漏洩させた事件がありませんか。このような場合はどうすればいいのでしょうか。

先生：上司から指示されるということはあり得る事態だ。もちろん、毅然として断らなければならないのだが、上下関係があると非常に難しい。

大河：このような場合は上司以外の人に相談することになりますね。

先生：そのとおり。健全な組織運営のために、直接の上司以外にも相談ができる体制が整備されているはずだ。具体例を挙げてみよう。
●倫理規則等を担当する部署や契約事務を担当する部署に相談する。
●監査委員や監査委員事務局に相談する。
●公益通報制度を利用する。

澄人：公益通報制度とは何ですか。

先生：ここでいう公益通報制度とは、公益通報者保護法に基づく地方公共団体の職員等からの内部通報を取り扱う制度だ。違法行為が生じたか、まさに生じようとしている場合に、当該制度を利用した内部通報ができる。公益通報者保護法では、通報者に関する秘密保持や不当な取扱いの禁止等が法律で定められている。

大河：なるほど、自分の身を守るためにも、こういった制度はあらかじめ知っておく必要がありますね。

陽菜：上司であっても違法行為の要求には毅然とした態度で断る必要があることがわかりました。

ポイントの整理

対応策1：関係法令と情報管理規則の理解を深める

●知らないうちに機密情報を漏洩させることがないように、予定価格等の機密情報漏洩の具体例を理解しておく。

●情報漏洩を防止するために定められたルールを理解し、遵守する。

対応策2：節度を持った関係を維持する

●事業者に対して毅然とした態度をとるために、所属する組織が定める禁止行為とその背景を理解しておく。

●過度な人間関係が形成されないように、禁止行為以外の接触も必要な範囲にとどめる。

対応策3：ひとりで抱え込まない

●孤立は事業者への依存や探り行為の余地も生む原因となるおそれがある。事業者との関係に悩んだ時には上司や先輩、同僚に相談する。

●上司や同じ職場の者に相談しにくい事情がある場合には、他部署への相談や公益通報制度の利用を検討する。

イメージトレーニングの重要性

　リスク対応策を実行するためにはイメージトレーニングが重要です。この理由について、防災訓練を例にして考えてみましょう。災害リスクについては、全庁で避難誘導等の訓練や防災物資の点検を定期的に実施していることでしょう。このような訓練等を実施するのは、事前に準備していても実行する際には思わぬ障害があり、想定どおりに実施できないかもしれないからです。このような考え方は、災害リスクだけでなく、職場で想定される重要なリスクも同様です。

　次に、防災訓練を実施する理由を踏まえて、窓口や電話での応対を考えてみましょう。窓口や電話応対では、探り行為に対して機密情報を漏洩しないこと、第三者に個人情報を漏洩しないこと等に注意しなければなりません。これらの注意は、一瞬一瞬の判断の積み重ねです。一瞬だけ「あれ、これでよかったのかな」と不安な気持ちがよぎっても、対面や電話応対中に相手から急かされるとつい先を急いでしまい、後から後悔することになるかもしれません。

　たとえ訓練という水準で実施することは難しいとしても、少なくともイメージトレーニングはしておかないと、いざという時に適切な対応ができないかもしれません。例えば、窓口や電話での応対に関する想定問答集がすでに作成されていれば、それを参照しながら「こう聞かれたら、こう答える」というように、頭の中で練習しておくとよいでしょう。また、自分が実施しようとするリスク対応策について、具体的な行動を時系列に書き出してみることも有効です。やるべきことを書こうとすると、意外に書けないことに気が付きます。書けない理由は、理解したつもりで実は理解できていないことがあるからです。自分の理解の浅い点をあらかじめ洗い出しておきましょう。

物品亡失

1 物品亡失のリスク

先生：日常業務では様々な物品を利用する機会があると思う。職員は
それぞれが利用する物品に管理責任を負っており、亡失した場
合には懲戒処分が行われる。また、盗難の場合でも重過失の場
合には同じく懲戒処分の可能性がある。

陽菜：公用物品の取扱いも個人の日常生活と同じような感覚ではダメ
だということですね。

先生：そのとおり。社会人になって間もないと、物品管理の重要性ま
で気が回らないかもしれない。物品は現金と比較すると緊張感
が薄くなる傾向があるのではないかと思う。油断して管理がお
ろそかにならないようにしてほしい。公的機関に限らないのだ
が、一般的に業務で利用する物品は亡失リスクがある。

**理由1：持ち運び可能なこと、外部倉庫に保管すること等からなくし
やすい**

先生：1つ目の理由は、物品は持ち運びできることだ。建物に固着す
るものと異なり、どこかに置き忘れてしまうことがある。また、
似たような物品が多いとどれが管理責任を負うものかわからな
くなってしまうかもしれない。

図表3－19　物品亡失のリスクの概要

リスク対応策のポイント

着任時に、前任者 と台帳と現物の 一致を確かめる	定期的に、または 3Hのタイミングでの 現物確認	数量が多い場合には ミス防止のため ICタグ等の活用を検討

自らに管理責任のある物品をなくしてしまう

・いつの間にか物品が見当たらなくなっている
・なくなった時点を特定できず、捜索の手がかりが見つからない上に、責任関
　係も不明確になる

理由1	理由2	理由3
持ち運び可能なこと、外部倉庫に保管すること等からなくしやすい	日常業務の多忙感で現物管理がおろそかになりやすい	管理する物品の数が多く目が行き届かない場合がある

大河：現金の時と似た論点ですね。持ち運びやすいものはなくしやす
　　　いし、持ち去られやすくもなりますね。

先生：そのとおりで、盗難のリスクもある。さらに、執務スペースの
　　　容量が足りず庁舎内外の倉庫で保管する場合もあるだろう。倉
　　　庫は目が行き届きにくいし、何を置いたか忘れてしまうことも
　　　ある。また、多くの人が共通で利用する倉庫で保管する場合、
　　　他の物品と一緒に誤って廃棄されてしまう可能性もある。

陽菜：日常生活では、物置に何を入れたかを気にしていないのですが、
　　　業務として取り組む以上はそれではダメですね。

理由2：日常業務の多忙感で現物管理がおろそかになる
先生：2つ目の理由は、現物管理を怠りがちになることだ。確かに、
　　　物品管理の優先順位が低くなることはやむを得ないのかもしれ

ないが、持ち運び可能な物品は油断するとなくなる。ある地方公共団体では、借用した美術品を庁舎外で保管していたところ紛失してしまい、大きな問題となったことがある。

澄人：美術品は世界に一つしかないから、再購入することはできないですし、取り返しがつかない事態になってしまいます。

理由3：管理する物品の数が多く目が行き届かない場合がある。

先生：3つ目の理由は、管理する物品の数が多くなりやすいということだ。普段使わない物品でも、後から使うかもしれないと考えて廃棄しにくいところがある。また、廃棄に予算がかかる場合も後回しになることがある。そのうちに徐々に管理点数が増えてしまう。

大河：まさに断捨離が必要ですね。

2 対応策1：最初に台帳と現物の一致を確認する

先生：物品紛失リスクへの対応として、まずは自分が管理する物品を把握することだ。異動があったら着任時点で実施する必要がある。

陽菜：なるほど、そうしないと自分の責任なのか前任者の責任なのか、わかりませんね。

先生：そのとおり。本当は自分のせいではないのに、懲戒処分されたりしたら困るよね。よって、異動して着任したら担当業務に関連して自分が引き継ぐ物品のリストを確認しよう。きっと台帳管理しているはずだ。その上で、前任者と一緒にリストと現物が一致することを確かめよう。

大河：現物管理する際に物品にシールを貼りますよね。

先生：シール等がないとその物品がリストのどの項目に該当するか、わからなくなってしまうからね。おそらくシールを貼って管理しているはずだ。もしシールがないものがあれば、着任時点で貼っておく必要があるだろう。

3 対応策2：適時に現物確認を行う

先生：次に、定期的にリストと現物の照合を行い、紛失や盗難が生じていないかを確かめる必要がある。所属する組織によって定められた頻度が異なると思うので、関連規程を確認する必要がある。

陽菜：私の職場では1年に1度は実施しています。

先生：しっかりしているね。おおよそ1年に1度が一般的だが、ここで注意すべき点がある。1年に1度以上実施すべきケースがあることだ。

澄人：1年に1度以上実施すべき場合はどのような場合ですか。

先生：一般に3Hとよばれる特に注意すべきタイミングがある。多少のバリエーションはあるが、おおむね以下の3点だ。これらのタイミングは状況の変化等でミスが起こりやすいといわれている。

図表3−20　ミスに特に注意すべきタイミング

3H		
初めて	変更または変化	久しぶり

大河：なるほど、着任時点で物品の現物確認をすることは「初めて」か「変更（担当者交代）」に当たりますね。

先生：そのとおり。また、組織変更に伴って部署が引っ越しすることがないだろうか。庁舎の建替に伴い全庁で引っ越しをすることもあるだろう。

陽菜：それは「変化」のタイミングですね。確かに、引っ越し作業時に確かめておかないと管理する物品がどこに行ったのかわからなくなりそうです。

澄人：「久しぶり」という観点からは、次回の現物確認まで長期間が経過しないように注意するようにします。

4 対応策3：ICTの活用

先生：3つ目の理由は管理点数が多い場合だ。さらに、出し入れが頻繁で多数ある場合は目で見て数えるのが大変だし、数え間違いもある。梱包されているものは取り出して元に戻すのも手間になる。よって、現物確認がおろそかになりやすい。

大河：何か対応策はあるのですか。

先生：最近ではICTを利用して物品管理をする事例もある。例えば、物品にICタグをつけて置く。小型の端末でICタグを検知して現物が実在することを容易に把握できる仕組みだ。

陽菜：管理点数が多い場合には、人力に頼らずICTを利用できないか、検討してみます。

ポイントの整理

対応策1：最初に台帳と現物の一致を確認する

●着任した時点で前任者と一緒に自分が管理すべき物品のリストと現物を照合する。

●シールが貼っていないものがあれば、リストとの対応関係がわかるようにシールを貼っておく。

対応策2：適時に現物確認を行う

●物品管理規則等に従い、定期的に現物確認を実施する。

●物品管理規則等で求められていなくとも、3H（初めて、変更・変化、久しぶり）のタイミングで現物確認を実施する。

対応策3：ICTの活用

●管理点数が多い場合には、目視でチェックすることによるミスを防止するため、ICタグを活用する等、自動化することを検討する。

不祥事が発生した場合の危機対応

1 担当業務の危機対応

先生：これまで、リスクが現実にならないように予防することを中心に説明してきた。今回はリスクが現実になった場合の対応方法を考えてみよう。

大河：例えば、私が大量の個人情報データを保存したUSBをなくしてしまった場合にどうするか、ということでしょうか。

先生：自分が直接の当事者となる場合もあるし、委託先で発生することもあるだろう。

陽菜：今まで、自分の身近で不祥事が現実になることは考えていませんでした。

先生：誰であっても不祥事に巻き込まれる可能性は否定できないのだが、自然災害を除いて危機に備えるという意識は希薄になるのが一般的だ。

澄人：確かに、自然災害に対する備えはやっていますが、重大ミスや不正等の不祥事対応に備えることは、全庁を見てもやっていない気がします。

図表 3 −21　不祥事発生の際のリスクの概要

リスク対応策のポイント

平時から危機発生に備えたコミュニケーションを図る	危機発生時に迅速に事実関係を把握するための記録を普段から残す	担当業務を円滑に引き継げるように担当業務のマニュアルを作成する等、危機対応に専念する準備をしておく

不祥事への対応が後手に回り悪化する

事実関係が把握できず、公表が遅れる等により社会から批判を受ける	危機対応に人手が足りない、または職員がパンクする

理由 1 自然災害以外の危機に対応する手順整備や訓練がなされない	理由 2 時間的制約が厳しい中で、正確な事実把握と迅速な報告を両立する必要がある	理由 3 日常業務も同時並行で処理しなければならない

先生：不祥事に対する備えがないと、対応が後手に回り事態を悪化させてしまうことがある。それは次のような理由による。

理由 1 ：自然災害以外の危機に対応する手順整備や訓練がなされない
理由 2 ：時間的制約が厳しい中で、正確な事実把握と迅速な報告を両立する必要がある
理由 3 ：日常業務も同時並行で処理しなければならない

大河：不祥事が発生したときにすぐに公表しないとメディアからの批判が生じますよね。だから、すぐに公表しないといけない。しかし、不正確なことを公表するわけにはいかないから、正確な事実を把握しなければならない。ジレンマ状態に陥りますね。

先生：実はトリレンマなのだよ。日常業務に後回しにできないものが

ある場合、その業務を実施しながら、短時間で、正確な事実確認を行う必要がある。

図表3−22　不祥事等危機対応時のトリレンマ

陽菜：業者への支払業務はまさにそうですね。法律で支払期限が決まっているので、遅延するわけにはいきません。

澄人：なるほど。段々話が見えてきました。例えば自分がとんでもない不祥事を起こすか、巻き込まれたとします。その場合、新人であっても事実関係を正確に把握して上司に報告し、指示を仰ぐ必要があるわけですよね。場合によっては、上司のさらにその上の上司まで説明する必要もある。そのような状況下で、日常業務までは手が回らないと思います。そもそも事実関係を把握するだけでも時間が足りなくなりそうです。

先生：そのとおり。だからこそ、普段の備えが大事なのだよ。具体的に説明していこう。

2 対応策１：平時からのコミュニケーション

先生：1つ目は、関係者と平時からコミュニケーションを図ることだ。普段からお互いがどんな人間かを知り信頼関係を構築しておくことで、危機発生時に円滑な対応が可能となる。

陽菜：先生、それは当たり前ではありませんか。

先生：もちろん普段の職場では、同じ場所で長い時間を一緒に過ごすからメンバーのことを自然にわかり合えるかもしれない。しかし、他組織と連携する仕事もあるはず。例えば、委託先で大量の個人情報が流出した場合を考えてみよう。担当職員の重要な役割の一つには、委託先の現場で一次情報を収集する、というものがある。組織内の誰かが委託先の現場で直接的に事実を確認できない場合、誤った情報を公表してしまうおそれがある。また聞きではなく、事件発生現場において、直接状況を把握することが最も望ましい。

陽菜：確かに、委託先の人は良く知らないです。委託先でなくても、NPO 等で一緒に連携している団体もありますが、普段は文書のやり取りくらいしかありません。

澄人：うちの部署では、業務委託先が庁舎に来て作業するので知り合いも多いです。一緒に仕事することもありますが、やはり前提が異なるので丁寧にコミュニケーションしないとうまくいかないです。もしも、外部の人と危機対応を一緒にやらないといけないときに、相手を全然知らないとやりにくいですよね。

先生：そのとおり。やはり普段からの関係構築は重要だよね。新人のうちは用件しか話さないかもしれないが、ベテランの職員を見ると、雑談もしているではないかな。無駄話に見えるが、お互いのことを垣間見る機会になる。

大河：業務委託も規模が大きいと、さらに再委託されていることもありますよね。

先生：委託先でさらに再委託している場合、発注者からは余計に見えにくい。公的機関の委託業務の契約書ひな形では再委託は原則禁止で、やむを得ない場合は事前に届け出ることになっているはず。自分の担当業務に委託する部分があるなら、再委託先まで含めて業務の実態を理解しておく必要があるね。

3 対応策2：正確な事実把握のために記録を残す

先生：危機発生時には正確さと迅速さのジレンマが生じる。ここで、把握したい事実に関する記録や履歴が文書として残っているとしたらどうだろうか。

大河：なるほど、危機発生後に関係者に質問したり、メールを送ってもらったりするよりも早いですよね。普段からしっかり記録や履歴を残しておけば、正確さと迅速さを両立できますね。

先生：例えば、委託先で個人情報が漏洩した状況を考えてみよう。個人情報の取り扱いには、規程等で台帳管理が求められているのではないかな。仮に、委託先に個人情報が入った電子データを何らかの形で交付した場合、どのようなデータをいつ、どこで、誰に渡しているか等の記録を残すはずだ。この記録がなかったり、記載内容に誤っていたりすると、とても困ることになる。

澄人：普段から正確に台帳等で記録を残すことが重要なのですね。

先生：そのとおり。個人情報の漏洩の場合、速やかに被害者への報告が求められるが、それが二転三転するとまずい。また、誤った情報が二次被害を生じさせるかもしれない。

陽菜：記録がしっかりしていれば、被害者の範囲をすぐに特定できて、

被害者への説明もより迅速にできますね。

先生：そのとおり。他にも、個人情報を管理する情報システムにはいつ、だれが、どのような情報にアクセスしたか等、アクセスログが残るようになっているはずだ。できれば、情報システム等で自動的に記録や履歴が残る仕組みが望ましい。それが難しい場合は、危機発生時にどのような情報が必要かを検討し、残しておくべき記録や履歴がないか、検討してみてほしい。

大河：確かに、新人職員がマスコミ対応や議会対応を直接することはなくても、事実関係の調査と報告、想定問答の作成等はあり得ますよね。普段から心掛けることにします。

4 対応策3：危機対応に専念するための準備

先生：危機発生時には、危機管理部門が主導して、危機対応チームを結成する。新人職員であっても、自分の担当業務において重大ミスや不正が発生した場合、初動対応チームに招集されて日常業務はストップしてしまうことになるだろう。

大河：仮に、招集されなくとも初動対応チームへの報告や説明に追われて日常業務に手が回らないと思います。

先生：確かに危機対応と日常業務の両立は難しい。だから、容易に交代してもらえるように、業務に関するマニュアルやチェックリストをあらかじめ整備しておくことが重要になる。

澄人：マニュアル作成や引継書の更新は業務の効率化が目的であると思っていました。しかし、普段からこのような取組みをしてお

くことは、リスクが現実となった場合の対応力につながるわけ
ですね。

先生：そのとおり。例えば、引継資料を先んじて作成しておくと、誰
　　　かへの説明の機会にもなる。そうすると、担当業務に関する理
　　　解度がアップする機会にもなる。

大河：不祥事だけでなく、病気や事故で急に休む可能性もありますね。
　　　職場に迷惑をかけないように、普段から心掛けておきます。

ポイントの整理

対応策1：平時からのコミュニケーション

● 緊急時に誰に何を聞けばよいか、即座に判断できるように平時から
関係者の顔や名前、担当業務範囲を憶えておく。

● 同じ職場内だけでなく、委託先まで含めて自分の担当業務に関係す
る人を把握する。

● 再委託の状況に注意し、再委託先まで含めて委託業務の実態を理解
しておく。

対応策2：正確な事実把握のために記録を残す

● 危機発生時に迅速に事実関係を把握できるように、アクセスログ、
持ち出し等の記録、入退室記録等の記録を適切に残す。

● 平時から、危機発生時に把握すべき情報が何かを想定し、その情報
を適時に確認できる記録を残しているか、確かめる。

対応策3：危機対応に専念するための準備

● 危機対応の際に、自分の担当する日常業務を容易に引き継げるよう
に、あらかじめマニュアル化や引継書を作成しておく。

注一覧

1 　吉田勉著『はじめて学ぶ地方自治法 第2次改訂版』学陽書房　2019年 P176~177

2 　裾野市 "裾野市民文化センターのスプリンクラー作動による浸水被害の件について" 2022年10月
https://www.city.susono.shizuoka.jp/soshiki/3/3/4/kishakaiken/rinjikishakaiken/rinji2022/17415.html

3 　総務省 "地方自治月報第60号 「5財務関係（7）職員の賠償責任に関する調（平成30年4月1日から令和3年3月31日まで）」"
https://www.soumu.go.jp/main_content/0007995 92.pdf

4 　兵庫県加古川市 　"総務教育常任委員会 税務部 資料1「公金亡失事案について」" 2022年7月 https://www.city.kakogawa.lg.jp/material/files/group/90/20220728zeimu01.pdf

5 　福岡県北九州市 "職員の賠償責任に関する監査結果について（報告）" 2020年3月
https://www.city.kitakyushu.lg.jp/files/000875970.pdf

6 　兵庫県三田市 "公金亡失に係る職員の賠償責任に関する監査について（通知）" 2019年6月 https://www.city.sanda.lg.jp/material/files/group/71/shokuinnobaishousekininnikansurukansa.pdf

7 　神奈川県鎌倉市 "不適切な事務処理に関する調査委員会「公金紛失事案に関する調査報告書（最終報告）」" 2018年6月
https://www.city.kamakura.kanagawa.jp/compliance/documents/koukin_funshitsu.pdf

8 　総務省 "地方自治月報第58号「5財務関係（4）職員の賠償責任に関する調（平成26年4月1日から平成28年3月31日まで）」"
https://www.soumu.go.jp/main_content/000473571.pdf

9 　東京都葛飾区 　"私立認可保育所の運営費助成額算定相違に係る対応方針等について" 2022年9月 https://www.city.katsushika.lg.jp/kosodate/1000056/1002333/1029002.html

10 　東京都葛飾区 　"私立認可保育所運営費助成額の算定相違に係る区長、副区長及び関係職員に対する措置について" 2022年10月 https://

www.city.katsushika.lg.jp/information/kouho/1005542/1029949.html

11 茨城県常陸太田市"公共下水道事業における不適切対応について"
2022年5月 https://www.city.hitachiota.ibaraki.jp/page/page008069.
html

12 日本放送協会"下水道設計ミス 市職員給与減額条例案 常陸太田市議
会で可決"NHK NEWS WEB 2022年12月
https://www3.nhk.or.jp/lnews/mito/20221215/1070019463.html

13 毎日新聞"地方版／群馬「渋川市：水道管更新で発注ミス 受注業者
が損賠請求、示談金200万円検討／群馬」"毎日新聞データベース 毎索
2011年6月3日

14 総務省"地方自治制度に関する調査資料等 地方自治月報"https://
www.soumu.go.jp/main_sosiki/jichi_gyousei/bunken/chousa.html

15 高知県高知市"住民監査請求による監査の実施状況等 令和3年度高知
市立小学校におけるプール水の止水遺漏に係る損害賠償請求について"
https://www.city.kochi.kochi.jp/soshiki/98/kannsakekka0411.html

16 朝日新聞 "朝刊 さがみ野・1地方「プールの水流出、50％請求し処
分 綾瀬市教育長ら7人に／神奈川県」"朝日新聞クロスサーチ 2019
年1月19日

17 東京都 "プール水の流失事故において原因者に損害の賠償を求める
請求権の行使を怠っているとしてその行使を求める住民監査請求の監査
結果について"2016年5月
https://www.metro.tokyo.lg.jp/tosei/hodohappyo/press/2016/05/
documents/20q5k200.pdf

18 千葉日報 "千葉市教委の対応が波紋 「全額自己弁済」珍しく 学校
名は大多数が公表 学校プール水流失事故"2016年2月25日
https://www.chibanippo.co.jp/news/local/306982

19 兵庫県"知事定例記者会見（2021年2月8日（月曜日））"2021年2月
https://web.pref.hyogo.lg.jp/governor/g_kaiken20210208.html

20 千葉県千葉市"報道発表資料 元緑保健福祉センター社会援護課職員
による生活保護費の不適正処理に係る損害賠償について" 2017年12月
https://www.city.chiba.jp/somu/shichokoshitsu/hisho/hodo/
documents/171227-03-01.pdf

21 室戸市 "令和3年3月第1回室戸市議会定例会会議録（第6号）" 2021年3月　P190 https://www.city.muroto.kochi.jp/pbfile/m001708/pbf20210705090619.pdf

22 長野県 "長野県知事からの請求に係る監査の結果について（報告）" 2018年6月
https://www.pref.nagano.lg.jp/kansa/kensei/kansa/kekka/documents/kk300219.pdf

23 長野県 "大北森林組合等補助金不適正受給事案に関し、県職員に対する賠償命令（損害賠償請求）を行います。" 2018年3月
https://www.pref.nagano.lg.jp/rinsei/happyou/180319press.html

24 京都府向日市 "損害賠償請求について" 2017年8月
https://www.city.muko.kyoto.jp/kurashi/soshiki/kannkyoukeizaibu/4/1/saigaibusshi_misyuu/1501630998983.html

25 総務省 "地方自治月報 第59号「5．財務関係（4）職員の賠償責任に関する調（平成28年4月1日から平成30年3月31日まで）"
https://www.soumu.go.jp/main_content/000610106.pdf

26 公正取引委員会 "入札談合の防止に向けて ～独占禁止法と入札談合等関与行為防止法～" 2022年10月版
https://www.jftc.go.jp/dk/kansei/text.html

27 公正取引委員会 "1分で分かる！官談法 〈入札談合等関与行為防止法の概要　編〉"
https://www.jftc.go.jp/houdou/panfu_files/kandanpou_leaf2.pdf

28 裁判所 "裁判例結果詳細 平成20（あ）1678 業務上過失致死被告事件 平成21年12月7日 最高裁判所第二小法廷 決定 裁判要旨"
https://www.courts.go.jp/app/hanrei_jp/detail2?id=38244

29 裁判所 "裁判例結果詳細 平成19（わ）779 業務上過失致死 平成20年5月27日 さいたま地方裁判所　第3刑事部 判示事項の要旨"
https://www.courts.go.jp/app/hanrei_jp/detail4?id=36630

30 裁判所 "裁判例結果詳細　平成19（わ）779　業務上過失致死　平成20年5月27日　さいたま地方裁判所　第3刑事部　全文"
https://www.courts.go.jp/app/files/hanrei_jp/630/036630_hanrei.pdf

31 総務省 "地方公共団体における内部統制のあり方に関する研究会内部

統制による地方公共団体の組織マネジメント改革 〜信頼される地方公共団体を目指して〜"2009年3月 P25〜27を参考に筆者が作成 https://www.soumu.go.jp/main_sosiki/kenkyu/internal_control/12172.html

32　葛飾区 "葛飾区議会議事録 令和4年保健福祉委員会（6月9日）"より筆者作成

33　葛飾区 "葛飾区ニュースリリース 私立認可保育所の運営費助成額算定相違に係る返還状況等について"
https://www.city.katsushika.lg.jp/_res/projects/default_project/_page_/001/031/162/20230302shiritsuninkahoikusyo.pdf

34　栗東市 "栗東市職員措置請求にかかる監査結果 2020年12月25日"
https://www.city.ritto.lg.jp/material/files/group/60/kokuji8.pdf

35　朝日新聞クロスサーチ "相談データ削除、職員を停職処分　県、別件で2人戒告　／香川県"2018年11月27日

36　読売新聞データベース ヨミダス歴史館 "課のデータ削除 奈良市職員減給＝奈良"2019年2月21日

37　茨城新聞 "マスク着用指導に立腹、公文書4年分削除　男性主査を懲戒免職 水戸市"2023年3月1日
https://ibarakinews.jp/news/newsdetail.php?f_jun=16776612616725

38　総務省 "行政機関等における個人情報保護対策のチェックリスト（調査研究報告書）"2010年4月 https://www.soumu.go.jp/main_sosiki/gyoukan/kanri/pdf/100420_2.pdf

39　涌谷町 "公金紛失に関する再発防止対策について"2019年3月 P5
http://www.town.wakuya.miyagi.jp/gyose/kekaku/documents/h30_koukinfunshitsu.pdf

40　千葉日報 "プールの水 大量流失 千葉市の小学校、水道料金請求440万円 栓閉め忘れ、18日間出しっ放し"2015年10月
https://www.chibanippo.co.jp/news/national/285556

41　海田町 "住民監査請求に基づく監査結果について（勧告）"2022年7月29日 P7
https://www.town.kaita.lg.jp/uploaded/attachment/13225.pdf

42　宮城県 "宮城県内部統制行動計画〜財務事務編〜"2022年4月 P30
https://www.pref.miyagi.jp/site/gyoukaku/naibutousei-shisutemu.html

43　中田亨『ヒューマンエラーを防ぐ知恵 ミスはなくなるか』DOJIN選
　　書化学同人 2018年10月 Kindle 版 Kindle の位置 No.1240-1241

44　宮城県 "宮城県内部統制行動計画〜財務事務編〜" 2022年4月 P31
　　https://www.pref.miyagi.jp/site/gyoukaku/naibutousei-shisutemu.html

45　会計検査院 "2010年12月 国会及び内閣に対する報告（随時報告）会計
　　検査院法第30条の2の規定に基づく報告書「都道府県及び政令指定都市
　　における国庫補助事業に係る事務費等の不適正な経理処理等の事態、発
　　生の背景及び再発防止策について」"
　　https://report.jbaudit.go.jp/org/h22/ZUIJI6/2010-h22-4503-0.htm

46　公正取引委員会 "入札談合の防止に向けて 〜独占禁止法と入札談合等
　　関与行為防止法〜 テキスト" 2022年10月　P31〜32
　　https://www.jftc.go.jp/dk/kansei/text.html

著者紹介

菅貞　秀太郎（すがさだ　しゅうたろう）

公認会計士　日本評価学会認定評価士

専門分野は、公会計、公的機関や非営利組織のガバナンス
設計及び内部統制やリスクマネジメント体制の整備・運用
等。

〈職務経歴〉
●2005年12月　現有限責任監査法人トーマツ入所
●2012年8月　総務省行政評価局 独立行政法人担当評価監
　視官室上席評価監視調査官（退職出向）
●2014年5月　総務省行政管理局 独立行政法人評価担当
　兼 独立行政法人制度総括・特殊法人総括 副管理官（退
　職出向）
●2014年8月　有限責任監査法人トーマツ帰任
●2022年8月　有限責任監査法人トーマツ退職
●2022年9月　菅貞秀太郎公認会計士事務所設立　現在に
　至る

〈日本公認会計士協会委員〉
●非営利法人委員会 非営利会計検討専門部会 専門委員
　（2011年8月〜2012年7月）
●公会計委員会 委員（2014年8月〜2018年7月）
●日本公認会計士協会 公会計委員会 独立行政法人専門委
　員会専門委員（2019年9月〜2022年7月）

〈著書等〉
●詳解新独立行政法人会計の実務 ぎょうせい 2016年9月
　共著
●月刊「地方財務」平成29年9月号 別冊付録 ポイント解説
　自治体の内部統制 第4章 ぎょうせい 2017年9月 共著
●Q&Aでわかる！自治体の内部統制入門 有限責任監査法
　人トーマツ パブリックセクター・ヘルスケア事業部 学
　陽書房 2018年2月 共著
●東京都市町村自治調査会 2018多摩・島しょ地域の自治体
　における内部統制の整備・運用に関する調査研究報告書
　〜信頼される自治体を目指して〜 2019年3月 共同研究

これだけ知っていれば大丈夫！
新人公務員のリスク管理術
——重過失、法令違反、不祥事、損害賠償請求を防ぐ

2023年8月1日　初版発行

著　者　菅貞　秀太郎

発行者　佐久間重嘉

発行所　学陽書房

〒102-0072　東京都千代田区飯田橋1-9-3
営業部／電話　03-3261-1111　FAX　03-5211-3300
編集部／電話　03-3261-1112
http://www.gakuyo.co.jp/

装幀／佐藤博　イラスト／おしろゆうこ
DTP制作・印刷／精文堂印刷
製本／東京美術紙工